I0791509

Tesoros Perdidos del Tiempo: Objetos Que No Deberían Existir

Guillermo Lineros

© Guillermo Lineros López-Cepero, 2024
Diseño de cubierta y maquetación: Guillermo Lineros

Impresión y edición por Ediciones Flaperon
Impreso en Badajoz.
ISBN: 9798300094485
Safe Creative: 2310254434390

Unas palabras del autor...

Guillermo Lineros López—Cepero, autor de este libro, nace en Jerez de la Frontera (Cádiz) a la friolera edad de 0 años... hace ya 42 de eso. Diplomado en Biblioteconomía y Documentación, licenciado en Documentación, quiromasajista de profesión y con estudios de mil y un temas (algunos de ellos absurdos para el resto del mundo). Aeromodelista, carnavalero, contador de estrellas, perseguidor del arcoiris, lanzador incansable de piedras que reboten en el agua y estudioso aficionado de temas tan diversos como la aeronáutica, filosofía, historia, parapsicología, medicina o biología, se puede considerar que posee un espíritu polifacético que puede beneficiar que este libro sea lo que es: un hervidero de cuestiones de lo más variopinto... sin olvidar la humildad y honradez que todo escrito debe poseer, sea cual sea su origen, propósito y validez en el espacio—tiempo para lectores reales y/o potenciales.

Espero que todo aquel que tenga a bien leer estas y las siguientes palabras, disfrute tanto o más de lo que yo lo hice escribiéndolas.

Querido lector, permíteme darte la bienvenida a este peculiar viaje a través del tiempo, el espacio y, por qué no decirlo, de lo que desafía nuestra comprensión de la realidad. Tú, que has decidido adentrarte en estas páginas, no eres simplemente un lector común y corriente. No, nada de eso. Eres un curioso de espíritu, un valiente buscador de respuestas, un soñador dispuesto a poner en duda lo que se da por sentado. Porque para abrir este libro hace falta algo más que ganas de leer: se necesita una pizca de asombro infantil, un toque de escepticismo saludable y, sobre todo, una voluntad férrea de asomarse al abismo de lo inexplicable.

Entre estas líneas, te esperan los OOPARTs, esos objetos imposibles que desafían las fronteras de nuestro conocimiento y se burlan de nuestros libros de historia. Te invito a que los observes con la mente abierta, como haría un arqueólogo que encuentra huellas de botas en un estrato de la era de los dinosaurios. Imagina a un cartógrafo antiguo trazando continentes que no deberían haber sido conocidos; piensa en la mano temblorosa del artesano que, en tiempos inmemoriales, esculpió algo que no encajaba en su época. Cada uno de estos artefactos es una puerta a lo imposible, una ventana hacia mundos que nunca sabremos si existieron realmente... pero, ¡qué maravilla imaginarlo!

Quiero agradecerte, lector intrépido, por haber tenido la osadía de elegir este libro, por acompañarme en esta búsqueda de los secretos más absurdos y maravillosos del pasado. Aquí, en estas páginas, nada es lo que parece. Quizás descubras que la historia es mucho más que fechas y nombres: es un océano lleno de misterios, donde flotan objetos como islas solitarias, esperando ser exploradas.

Así que acomódate bien, guarda la lógica en un cajón (por si acaso) y abre los ojos de par en par. Porque, querido lector, estás a punto de sumergirte en un mundo donde lo imposible no solo es posible, sino que también puede encontrarse olvidado bajo una capa de polvo, escondido en un museo o atrapado en las profundidades de una mina. Y quién sabe, tal vez, cuando cierres este libro, te conviertas tú mismo en el próximo descubridor de algo que nunca debió existir.

¡Feliz lectura y buen viaje a lo imposible!

Introducción a los **OOPARTs**: Objetos Fuera de Lugar y Tiempo

La niebla cubría la pradera en un manto frío y espeso, filtrando la luz de un amanecer tembloroso. Los homínidos avanzaban en fila silenciosa, envueltos en pieles y resguardando a los más jóvenes en el centro. Aún no tenían palabras para describir el mundo como lo harían los humanos siglos después, pero sus ojos oscuros y atentos observaban cada detalle con intensidad. Sentían que algo los llamaba en la distancia, más allá de los contornos borrosos de la mañana. Algo ajeno y poderoso los aguardaba, aunque no sabían qué.

De pronto, el líder de la pequeña tribu se detuvo, tensando el aire en una especie de reverencia muda. Los demás se alinearon detrás de él, inquietos, en un silencio expectante. Allí, ante ellos, un objeto extraño descansaba en la hierba húmeda, una estructura metálica desconocida para sus ojos. Era brillante y lisa, con aristas perfectas y un tono gris-azulado que reflejaba el primer sol con una intensidad casi cegadora. No parecía una piedra, ni un trozo de hueso pulido por el tiempo. Era algo que no había salido de la tierra ni del mar, algo que, en su incomprensible perfección, solo podía haber sido dejado por los dioses.

Con temor reverente, el líder se inclinó hacia el objeto. No se atrevía a tocarlo; la mera cercanía le provocaba un hormigueo en la piel, como si aquel fragmento extraño estuviera vivo de algún modo inexplicable. Su superficie era fría y el metal liso, casi irreal. Había marcas en él, pequeñas incisiones simétricas, patrones imposibles que parecían contar historias para las que aún no existían palabras ni oídos capaces de comprenderlas.

Para los homínidos, aquel objeto era sagrado, un mensaje de lo divino. Quizás señalaba el lugar donde los dioses caminarían algún día entre ellos, o tal vez era un don, una promesa de protección. Intentaron comprender su propósito a través de los gestos rituales que su cultura primitiva les permitía. Rodearon el objeto en un círculo, cantaron al amanecer con voces profundas y temblorosas, y luego se arrodillaron, inclinando la cabeza hacia la tierra.

Sin embargo, en la vastedad de la pradera, lejos de los ojos fascinados de los homínidos, otros misterios quizás podrían observarse. Es posible que, en la distancia, envuelto en una bruma intemporal, se hallaba un artefacto de otro origen, una nave o una construcción de una civilización desaparecida que alguna vez visitó este rincón del cosmos. O, tal vez, aquellos primeros visitantes no eran extraterrestres, sino seres humanos de una era antiquísima, vestigios de una cultura avanzada que habría pisado esta misma pradera milenios antes, dejando a su paso los enigmas que hoy llamamos OOPARTs. Sus descendientes, inconscientes de aquel linaje perdido, vagaban por el mismo suelo que sus antepasados habían tocado cuando la humanidad todavía luchaba por entender el fuego y el lenguaje.

Fuera como fuera, el objeto yacía allí, esperando pacientemente a que otras manos, en algún futuro remoto, lo desenterraran una vez más. Aquella pradera se convertiría en una escena olvidada, un simple manto de tierra bajo el cual se entretejían siglos de polvo y silencio. El objeto sería cubierto por capas de tiempo, enterrado hasta el día en que alguien lo hallara y, de nuevo, se hicieran las mismas preguntas, con las mismas miradas de asombro e incomprensión.

Mientras los homínidos se alejaban, dejando tras ellos sus huellas y su temor, el misterio del objeto se fundía con la pradera y el amanecer, como una pieza de un rompecabezas que nunca vería completado su enigma. ¿Fue dejado por visitantes de las estrellas, o acaso era la reliquia de una civilización humana borrada de la memoria? ¿Qué secretos albergaba, qué conocimientos perdidos había contenido alguna vez?

Este capítulo, y los que siguen, tratarán de arrojar luz sobre estos enigmas, sobre esos objetos que deslumbran, desconciertan y desafían el conocimiento que tenemos de nuestro propio pasado. Exploraremos los misterios de los OOPARTs y de los recuerdos antiguos que desafían las líneas del tiempo y la historia, en un viaje hacia lo desconocido. ¿Seremos capaces, finalmente, de comprenderlos? ¿O seguirán asombrándonos y llenándonos de preguntas durante generaciones enteras?

Este es el misterio que está a punto de desplegarse.

Definición de los OOPARTs: su misteriosa atracción

La arqueología nos ha permitido comprender y reconstruir el pasado humano, desde las herramientas rudimentarias de los primeros homínidos hasta las civilizaciones más sofisticadas que poblaron la Tierra. Sin embargo, en el inmenso entramado de hallazgos, algunos objetos desafían toda lógica, desafiando los conocimientos actuales y sembrando dudas sobre el verdadero alcance de las habilidades de las civilizaciones antiguas. Estos artefactos que parecen estar "fuera de tiempo" se denominan OOPARTs, un acrónimo del inglés *Out-of-Place Artifacts*, traducido al español como Objetos Fuera de Lugar y Tiempo.

Un OOPART es un artefacto arqueológico que, por su nivel de complejidad, composición o diseño, aparenta haber sido creado con tecnologías avanzadas que supuestamente no existían en la época a la que pertenece según el contexto arqueológico en el que fue hallado. Estos objetos parecen contradecir lo que sabemos sobre las capacidades de nuestros ancestros, forzándonos a cuestionar la precisión de la línea cronológica que hemos trazado sobre la historia.

La dificultad que presentan los OOPARTs reside en que desafían la cronología establecida. Por ejemplo, si se encuentra una herramienta de metal en una capa geológica que data de hace millones de años, los científicos deben decidir si el artefacto en sí es más joven que el estrato donde se halló (lo cual indicaría que se habría filtrado de una capa superior) o si, en efecto, la humanidad, o alguna otra inteligencia, desarrolló una habilidad para fabricar herramientas metálicas en tiempos remotos. Los sistemas de datación, como el radiocarbono, se han mejorado con el tiempo y permiten precisiones impresionantes, pero los OOPARTs no siempre pueden ser datados de manera concluyente. La controversia es constante: los defensores de la autenticidad de los OOPARTs creen que estos objetos podrían indicar conocimientos olvidados o perdidos, mientras que los críticos tienden a creer que hay explicaciones naturales o errores en el análisis.

Historia del concepto de los **OOPARTs** y primeros casos documentados

El concepto de objetos fuera de lugar y tiempo no es reciente. Desde los primeros exploradores, arqueólogos y cronistas, han existido hallazgos sorprendentes que no encajan fácilmente en el contexto histórico. Sin embargo, fue en el siglo XX cuando el término OOPART se acuñó y comenzó a popularizarse, principalmente por el investigador Ivan T. Sanderson. Sanderson, zoólogo y biólogo apasionado por los misterios del pasado, fue el primero en reunir estos objetos desconcertantes y en proponer que muchos de ellos no podían ser explicados satisfactoriamente con las teorías convencionales de la historia.

Un ejemplo clásico de OOPART es el conjunto de piedras grabadas conocidas como las *Piedras de Ica*, descubiertas en Perú en la década de 1960. Estas piedras muestran escenas inusuales, como seres humanos conviviendo con dinosaurios, lo cual desafía el conocimiento científico, ya que según los estudios paleontológicos, los dinosaurios se extinguieron hace unos 65 millones de años, mucho antes de la aparición de los humanos modernos. Aunque existen muchas dudas sobre la autenticidad de las piedras, su impacto en la cultura popular y en la comunidad científica fue profundo. Surgieron teorías que sugieren que, de ser reales, estas piedras indicarían la existencia de una civilización avanzada que coexistió con dinosaurios o que tuvo acceso a conocimientos que aún no comprendemos.

Otros casos similares en décadas posteriores siguieron incrementando el interés en los OOPARTs, como las esferas metálicas encontradas en Klerksdorp, Sudáfrica, que tienen miles de millones de años de antigüedad. Estas esferas presentan surcos y simetrías que parecen fabricados, y los geólogos aún no han ofrecido una explicación concluyente sobre su origen o función.

Sanderson publicó artículos y participó en conferencias donde presentaba estos objetos como prueba de que la historia humana y, en algunos casos, la historia geológica de la Tierra, podría tener lagunas significativas. Según él, los OOPARTs no solo sugieren que la humanidad podría haber tenido civilizaciones avanzadas en el pasado remoto, sino también que la posibilidad de vida inteligente extraterrestre debería considerarse al analizar estos descubrimientos. El trabajo de Sanderson fue controvertido, pero ayudó a que estos objetos entraran en el radar del público general y la comunidad científica, fomentando un diálogo que continúa hasta nuestros días.

La Ciencia y el Escepticismo: dos caras de la moneda

El estudio de los OOPARTs se encuentra en la intersección de la arqueología, la historia, y la ciencia, pero también es objeto de un fuerte escepticismo. Para muchos científicos convencionales, los OOPARTs representan, en su mayoría, errores de interpretación o incluso fraudes. Sin embargo, esto no significa que todos los OOPARTs sean fácilmente desmentibles; algunos aún presentan desafíos notables para la ciencia moderna.

Uno de los argumentos más comunes en contra de la autenticidad de los OOPARTs es que muchos de estos artefactos son productos de malinterpretaciones o fenómenos naturales. Las esferas de Klerksdorp, por ejemplo, podrían haber sido formadas por procesos geológicos naturales y no por manos humanas, aunque esto sigue siendo objeto de discusión. Asimismo, algunos científicos creen que ciertos OOPARTs simplemente han sido identificados incorrectamente. Un ejemplo es el *Artefacto de Coso*, una pieza de metal hallada dentro de una roca que, según algunos, tiene millones de años de antigüedad. Sin embargo, otros sugieren que podría ser un componente de maquinaria industrial moderna que quedó atrapado en una formación mineral.

Otro punto de controversia en torno a los OOPARTs son los casos de fraude. En el ámbito de la arqueología y la historia, los fraudes han sido un problema recurrente. Los fraudes más destacados en el campo de los OOPARTs incluyen las mencionadas Piedras de Ica, cuyo descubridor, el Dr. Javier Cabrera, afirmó que fueron talladas por una civilización perdida. Sin embargo, otros investigadores y periodistas, tras estudiar las piedras, descubrieron indicios de que muchas podrían haber sido fabricadas en tiempos modernos para atraer turistas o como una forma de explotación económica de los misterios históricos. La posibilidad de que algunos OOPARTs sean fraudes resta credibilidad al campo en general y fortalece el escepticismo.

La fascinación por los OOPARTs no solo reside en sus implicaciones científicas; estos objetos también han impactado profundamente la cultura popular y han inspirado una amplia variedad de teorías. Documentales, libros y películas han explorado la idea de que los OOPARTs podrían ser prueba de civilizaciones avanzadas perdidas, de viajeros en el tiempo e incluso de visitantes extraterrestres.

A continuación veremos las teorías más extendidas surgidas alrededor de este fenómeno a lo largo de los años y que, aun con todo, ninguna se ha afianzado respecto a las otras completamente porque, al fin y al cabo, surgen de meras especulaciones, que es de lo que se valen defensores y detractores del misterio de estos extraños objetos.

Teorías sobre civilizaciones perdidas

Una de las teorías más populares sobre los OOPARTs es que podrían ser la única evidencia restante de civilizaciones avanzadas que existieron en la Tierra antes de que surgieran las civilizaciones conocidas. Esta teoría sostiene que, antes de la última Era de Hielo, pudieron existir culturas avanzadas que desarrollaron tecnología, arquitectura y conocimientos avanzados. Estas civilizaciones, según los teóricos, habrían sido destruidas por catástrofes naturales o por guerras, dejando solo estos misteriosos artefactos como legado. La falta de registros históricos sobre estas civilizaciones hipotéticas añade misterio al concepto, alimentando la imaginación de investigadores y del público en general.

Teorías extraterrestres y visitas antiguas

Los OOPARTs también han sido empleados como supuesta evidencia de visitas extraterrestres en tiempos antiguos. Los defensores de esta teoría sugieren que algunos OOPARTs podrían haber sido fabricados por seres de otros planetas que interactuaron con las civilizaciones humanas tempranas o, incluso, antes de la aparición del Homo sapiens. En su obra *"Chariots of the Gods?"*, el escritor suizo Erich von Däniken argumenta que muchos de los OOPARTs pueden interpretarse como objetos de alta tecnología dejados por visitantes de otros mundos. Esta hipótesis es altamente especulativa y carece de evidencia concreta, pero ha sido popularizada y adaptada por numerosos documentales y programas de televisión, atrayendo la atención de millones de personas y generando debates en la comunidad científica.

Teorías alternativas sobre los OOPARTs: más allá de la ciencia convencional

Aunque el consenso científico se inclina hacia una interpretación racional y plausible de los OOPARTs, existen numerosas teorías alternativas que intentan explicar estos objetos desde diferentes perspectivas. Algunas de estas teorías, aunque poco convencionales, han ganado tracción en la cultura popular y ofrecen una visión intrigante y especulativa de la historia de la humanidad.

Teoría de las civilizaciones perdidas

Una de las teorías más populares y fascinantes sobre los OOPARTs es la que sugiere la existencia de civilizaciones perdidas avanzadas que pudieron haber dejado estos objetos como testigos de su paso por la Tierra. Según esta teoría, la historia de la humanidad podría haber estado marcada por ciclos de civilización y destrucción, en los que culturas avanzadas desarrollaron conocimientos tecnológicos avanzados antes de desaparecer debido a catástrofes naturales, guerras o epidemias.

Los defensores de esta teoría señalan que algunos OOPARTs

parecen demasiado avanzados para haber sido creados por culturas primitivas, lo que indicaría que ciertas civilizaciones antiguas podrían haber alcanzado logros tecnológicos comparables a los de la humanidad moderna. Esta hipótesis sugiere que nuestra historia es mucho más compleja y rica de lo que asumimos, y que quizás aún quedan muchas piezas por descubrir en el vasto rompecabezas del pasado humano.

Teoría de la intervención extraterrestre

Otra teoría popular es la de la intervención extraterrestre, que sugiere que algunos OOPARTs podrían ser pruebas de visitas de seres de otros planetas en tiempos remotos. Según esta idea, los extraterrestres habrían dejado ciertos artefactos en la Tierra, o bien habrían interactuado con civilizaciones antiguas, compartiendo con ellas conocimientos avanzados y tecnología.

Los partidarios de esta teoría apuntan a la extraña apariencia de ciertos OOPARTs, como el Mecanismo de Anticitera o las figuras de astronautas que aparecen en algunas tallas antiguas, como evidencia de que los extraterrestres pudieron haber influido en el desarrollo de la humanidad. Aunque esta teoría es muy controvertida y carece de pruebas contundentes, ha capturado la imaginación del público y ha sido popularizada por numerosos libros y documentales.

La necesidad de investigación multidisciplinaria

A pesar de las controversias, los OOPARTs representan una oportunidad única para la colaboración entre diferentes disciplinas. Arqueólogos, geólogos, metalurgistas, y expertos en física pueden trabajar juntos para investigar los OOPARTs desde múltiples ángulos y métodos. Esta investigación colaborativa no solo puede ayudar a confirmar o refutar la autenticidad de los OOPARTs, sino que también puede arrojar nueva luz sobre las técnicas y habilidades de las antiguas civilizaciones.

Estudio de casos destacados: ejemplos concretos de OOPARTs

Para comprender la magnitud del misterio que rodea a los OOPARTs, examinaremos algunos de los casos más conocidos y analizados a lo largo de los años. Estos ejemplos permiten observar los desafíos específicos que plantean estos objetos y las preguntas que despiertan entre la comunidad científica y los entusiastas.

El Martillo de Texas (Estados Unidos)

Uno de los casos más enigmáticos es el conocido como el Martillo de Texas o *London Hammer*, descubierto en 1936 en Londres, Texas. Este objeto fue hallado incrustado en una roca, lo cual no tendría nada de particular si no fuera porque se estima que la roca en la que estaba envuelto tiene más de 100 millones de años. El martillo parece de origen humano, con un mango de madera y una cabeza de hierro, lo que plantea la duda de cómo pudo un artefacto como este terminar en un contexto tan antiguo.

Los estudios realizados en el martillo muestran que la composición de hierro es increíblemente pura, algo que no sería fácil de lograr sin conocimientos avanzados de metalurgia. Algunos sugieren que el martillo es una prueba de que una civilización humana avanzada pudo haber existido mucho antes de lo que la historia convencional acepta. Sin embargo, otros expertos indican que es posible que el martillo se haya filtrado desde capas más recientes debido a procesos geológicos desconocidos, y el objeto continúa siendo tema de intenso debate.

La Batería de Bagdad (Irak)

Otro OOPART sumamente famoso es la llamada "Batería de Bagdad", un objeto de cerámica hallado en la década de 1930 en las cercanías de Bagdad, Irak, que parece una especie de batería primitiva. El artefacto consiste en una vasija de barro que contiene una varilla de hierro, rodeada por un cilindro de cobre, y parece que, al añadirle una solución ácida, puede generar una corriente eléctrica pequeña.

Muchos investigadores sostienen que, de hecho, se utilizaba como una fuente de energía en tiempos antiguos, lo cual sería sorprendente ya que la electricidad no se documentó formalmente sino hasta los experimentos de Benjamin Franklin en el siglo XVIII. Otros arqueólogos creen que pudo haber servido como dispositivo utilizado para procesos similares de galvanizado que, a efectos prácticos, podría haberse usado para dorar objetos. Aunque algunos escépticos opinan que simplemente se trata de un contenedor común, los experimentos han demostrado que el artefacto podría, en teoría, producir electricidad, desafiando nuestra comprensión de las capacidades tecnológicas de la época en la que fue creado.

El Mecanismo de Anticitera (Grecia)

El *"Mecanismo de Anticitera"*, descubierto en 1901 en el fondo del mar Egeo, es uno de los OOPARTs más complejos y fascinantes. Este dispositivo, datado en el siglo I a. C., se asemeja a un avanzado sistema de engranajes y ha sido descrito como el primer "ordenador" de la historia. Investigaciones posteriores han revelado que el mecanismo permitía predecir con precisión posiciones astronómicas, eclipses, e incluso el ciclo de los Juegos Olímpicos, todo con una complejidad que no se esperaba hasta el siglo XVIII.

Los expertos en ingeniería y mecánica han quedado impresionados por la precisión del mecanismo, que requería un nivel de conocimiento tecnológico excepcionalmente alto. ¿Cómo podían los antiguos griegos haber creado un sistema de engranajes tan sofisticado? Algunos creen que esta tecnología fue desarrollada en secreto por ciertos individuos o gremios, mientras que otros sugieren que su creación fue un avance aislado que se perdió con el tiempo, lo que refuerza la idea de que la humanidad podría haber alcanzado logros tecnológicos impresionantes mucho antes de lo que se pensaba.

Esferas de Klerksdorp (Sudáfrica)

Las esferas de Klerksdorp, encontradas en Sudáfrica, son pequeñas esferas metálicas con ranuras que parecen haber sido mecanizadas, aunque los estratos en los que fueron descubiertas datan de hace más de dos mil millones de años. La perfección de estas esferas ha llevado a algunos investigadores a considerar que fueron creadas por seres inteligentes, aunque las teorías convencionales sugieren que podrían haber sido formadas naturalmente en procesos geológicos extremos.

Algunos creen que las esferas podrían haber sido formadas en condiciones de alta presión y temperatura, pero esto no ha sido demostrado concluyentemente. Las esferas continúan siendo un ejemplo intrigante de cómo ciertos objetos naturales pueden asemejarse a artefactos manufacturados, o bien de cómo ciertos objetos manufacturados desafían nuestra comprensión del tiempo.

El debate científico: desafíos y limitaciones en la validación de los OOPARTs

La naturaleza de los OOPARTs plantea desafíos específicos para la investigación científica, especialmente debido a que los métodos convencionales de datación y análisis no siempre pueden aplicarse a estos artefactos sin dificultades. El análisis de estos objetos requiere colaboración entre distintas disciplinas, y muchos OOPARTs se encuentran en una zona gris, entre la posible autenticidad y la plausible explicación natural.

Métodos de datación: limitaciones y problemas comunes

La datación de objetos antiguos se realiza, generalmente, mediante técnicas como el radiocarbono para objetos orgánicos y el análisis de isótopos para rocas y metales. Sin embargo, cuando un artefacto aparentemente moderno se encuentra en una capa geológica extremadamente antigua, los métodos tradicionales no siempre son aplicables. Por ejemplo, la datación de la roca que rodea un OOPART puede ser precisa, pero no necesariamente indica la edad del objeto en sí, lo que hace que la interpretación de los resultados sea complicada y propensa a errores.

Por otro lado, algunos métodos de datación que dependen del análisis del desgaste o del contexto geológico pueden ser inexactos debido a la complejidad de los estratos geológicos y los movimientos de la Tierra. Estos problemas de datación contribuyen a las dificultades para establecer la verdadera antigüedad de muchos OOPARTs y son una fuente importante de escepticismo entre los científicos.

Cuestiones éticas y de autenticidad

Los OOPARTs también enfrentan problemas éticos y de autenticidad. Debido a su naturaleza controvertida, muchos arqueólogos se muestran reacios a investigar estos objetos, ya que la mera mención de los OOPARTs podría afectar su reputación en el ámbito académico. La historia de fraudes en la arqueología, como las piedras de Ica, ha generado escepticismo y desconfianza, lo que hace que los hallazgos de OOPARTs sean frecuentemente considerados con cautela.

Además, algunos críticos argumentan que los OOPARTs fomentan teorías pseudocientíficas que carecen de evidencia y promueven ideas sensacionalistas en lugar de incentivar un debate científico serio. Sin embargo, otros investigadores creen que estos objetos son dignos de estudio y que podrían proporcionar conocimientos valiosos si se analizan con rigor científico y métodos modernos.

Los OOPARTs como puente entre el pasado y el futuro

Los OOPARTs representan un fascinante enigma en el estudio de la historia y la arqueología, retándonos a pensar más allá de los límites establecidos y a considerar posibilidades que podrían revolucionar nuestra comprensión del pasado. Aunque muchos de estos objetos pueden explicarse a través de procesos naturales o malentendidos en su contexto histórico, algunos casos continúan desafiando las explicaciones convencionales, invitándonos a seguir explorando y a mantener una mente abierta.

Independientemente de si los OOPARTs son pruebas de civilizaciones avanzadas, visitas extraterrestres o fenómenos aún desconocidos, su estudio nos recuerda que el conocimiento es un proceso en constante evolución y que, a medida que avanzamos, descubrimos que aún queda mucho por aprender y comprender sobre nuestro mundo y sus misterios.

Los Grandes Misterios de los OOPARTs

Como ya hemos comenzado a visulmbrar, en el vasto panorama de la arqueología y la historia humana, algunos objetos parecen desafiar la comprensión y las explicaciones convencionales. Estos artefactos, que a menudo parecen estar fuera de lugar en el contexto temporal y cultural en el que se encuentran, son conocidos como OOPARTs (Out of Place Artifacts, por sus siglas en inglés), o artefactos fuera de lugar. Se les denomina así porque su existencia no encaja con los conocimientos históricos o científicos establecidos. Pueden encontrarse en excavaciones antiguas, en formaciones geológicas misteriosas o incluso en contextos en los que la tecnología supuestamente disponible no era capaz de producirlos. Lo que los hace tan fascinantes no es solo su apariencia inusual, sino el misterio que los rodea: ¿por qué y cómo existen?

A lo largo de la historia, los OOPARTs han generado tanto asombro como controversia. Mientras algunos los consideran simples errores de interpretación o incluso fraudes, otros argumentan que podrían ser pruebas de civilizaciones mucho más antiguas y avanzadas de lo que las crónicas históricas nos han enseñado. A medida que los arqueólogos y científicos siguen investigando estos objetos, surgen preguntas intrigantes: ¿son vestigios de una civilización perdida? ¿Pruebas de contacto extraterrestre? ¿O simplemente artefactos cuyo uso o propósito hemos olvidado con el paso de los siglos?

Este libro propone una clasificación de los OOPARTs en diferentes categorías, atendiendo a sus características, su posible origen, y los indicios de su uso o función. En algunos casos, la datación de los artefactos presenta un gran desafío; en otros, la naturaleza de los materiales o las técnicas de fabricación parece estar muy por encima de lo que la tecnología de su época podría haber permitido. Así, algunos OOPARTs parecen ser pruebas de tecnologías mucho más avanzadas de lo que se pensaba que existían en tiempos antiguos, mientras que otros permanecen como misterios sin resolver, cuyo verdadero propósito sigue siendo desconocido.

La primera categoría a tratar es la de artefactos de origen inexplicable o antiguo, que abarca aquellos objetos cuya existencia desafía las cronologías conocidas. Muchos de estos artefactos, como las famosas baterías de Bagdad o los martillos de Texas, aparecen en contextos que no concuerdan con los períodos históricos en los que supuestamente fueron creados. Estos objetos parecen estar más allá de su tiempo, lo que genera la posibilidad de que haya existido una civilización más avanzada en una época remota, mucho antes de lo que hemos aprendido de la historia.

La segunda categoría hace referencia a evidencia de tecnología avanzada, donde se encuentran artefactos que sugieren la existencia de un nivel de tecnología mucho más sofisticada de lo que se creía posible para la época en que se fabricaron. Un claro ejemplo de esto son los artefactos de Tayos, que algunos creen que son restos de una civilización desconocida, capaz de desarrollar herramientas y dispositivos más allá de las capacidades de sus contemporáneos.

Los artefactos de propósito desconocido o misterioso conforman la tercera categoría. Son aquellos objetos cuyo uso o función no ha podido ser determinado. A pesar de estar identificados y, en muchos casos, conservados en museos o colecciones, estos artefactos siguen siendo un enigma. Un ejemplo de esta categoría serían las esferas de Costa Rica, cuyo propósito sigue sin esclarecerse, a pesar de las numerosas teorías que intentan explicar su origen y función.

Luego tenemos los artefactos relacionados con el contacto extraterrestre, en los cuales algunos de los objetos encontrados sugieren que podría haber existido alguna interacción con civilizaciones de otros mundos. Desde los enigmáticos petroglifos de Sego Canyon hasta el ovni de Roswell Rock, estos objetos plantean la posibilidad de que nuestra historia esté más conectada con el cosmos de lo que imaginamos.

En otra categoría, hallamos las formaciones geológicas o arqueológicas anómalas, que incluyen estructuras naturales o geológicas que parecen haber sido creadas por la mano del hombre. Las famosas líneas de Nazca o los bloques de piedra de Yonaguni en Japón son ejemplos fascinantes de formaciones que algunos interpretan como pruebas de civilizaciones avanzadas en épocas prehistóricas.

Los misterios y artefactos prehistóricos constituyen una categoría particularmente intrigante. Estos artefactos fueron encontrados en capas geológicas que deberían ser demasiado antiguas para las herramientas o tecnologías de las civilizaciones humanas que conocemos. La piedra de Dashka o los zapatos de Nevada se incluyen en esta categoría, desafiando nuestras nociones de las capacidades de las culturas prehistóricas.

En la siguiente categoría, los artefactos con inscripciones o escrituras desconocidas son aquellos objetos que contienen símbolos o escrituras aún no descifrados, lo que ha desconcertado a arqueólogos e historiadores. Un ejemplo es la piedra de Rosetta, que reveló una lengua muerta cuando fue finalmente descifrada, pero existen otros artefactos con inscripciones enigmáticas que podrían ofrecer una clave para entender civilizaciones perdidas.

Los objetos relacionados con civilizaciones desaparecidas o perdidas también ocupan un lugar importante en esta clasificación. Estos artefactos sugieren la existencia de culturas olvidadas, como la famosa Atlántida o el antiguo reino de Mu. Las columnas de hierro de Delhi o las estructuras de Puma Punku pueden ser indicios de estas civilizaciones misteriosas, cuya existencia y legado han sido absorbidos por el olvido.

Los objetos de materiales anacrónicos son otra categoría intrigante. Estos artefactos presentan materiales que no se cree que estaban disponibles en su época de origen. Ejemplos como los bloques de Puma Punku o las esferas metálicas de Rusia parecen desafiar la comprensión de los recursos materiales utilizados por los antiguos.

Por último, los artefactos con forma o diseño anómalo comprenden aquellos objetos cuya forma o diseño no encaja con los estilos conocidos de las culturas de la época. Estos artefactos pueden parecer fuera de lugar, como el artefacto de Lake Michigan o las misteriosas máscaras de Sanxingdui. Su diseño avanzado o inusual deja abierta la posibilidad de que fueran creados por culturas con un conocimiento artístico y técnico superior.

A continuación, se detallarán cada uno de estos artefactos, comenzando con una exploración más profunda de los martillos de Texas y Kingoodie, que desafían la cronología conocida y presentan un misterio fascinante sobre sus orígenes y posibles usos.

1. Artefactos de Origen Inexplicable o Antiguo

Estos artefactos parecen desafiar la cronología conocida por su existencia en épocas donde no se espera que existieran.

Los martillos de Texas y Kingoodie

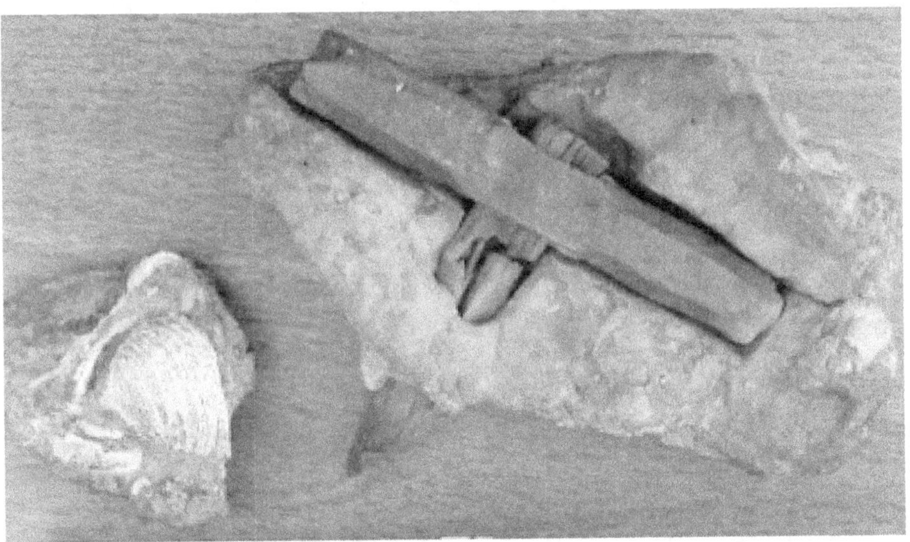

Martillo de Texas. Fuente: Wikipedia

En el vasto catálogo de los llamados OOPARTs —objetos fuera de lugar que desafían las cronologías aceptadas de la historia—, dos artefactos han desconcertado especialmente a los arqueólogos e investigadores: el Martillo de Texas y el Martillo de Kingoodie. A pesar de haber sido descubiertos en continentes diferentes y bajo circunstancias distintas, ambos comparten el extraño enigma de haber aparecido en formaciones geológicas que datan de épocas impensables para la existencia humana, planteando preguntas que la ciencia aún no ha logrado responder con certeza.

La historia del Martillo de Texas, también conocido como el *Martillo de London*, comienza en 1936, cuando una pareja, Max y Emma Hahn, paseaba por un arroyo cercano a la localidad de London, Texas. Durante su caminata, notaron una peculiar roca con una protuberancia de madera saliendo de ella. Llevados por la curiosidad, decidieron llevarla a casa y examinarla más detenidamente. Cuando finalmente rompieron la roca, lo que encontraron en su interior fue sorprendente: un martillo completamente intacto, con un mango de madera y una cabeza de hierro. Lo desconcertante no era solo la presencia del martillo, sino el contexto en el que se encontraba: incrustado en una formación rocosa que, según los estudios geológicos, databa del período Devónico, hace aproximadamente 400 millones de años. Si esta datación es correcta, implica que el martillo estuvo atrapado en la roca desde mucho antes de que los humanos habitaran el planeta.

El martillo, que mide unos 15 centímetros de longitud y cuya cabeza tiene un diámetro de aproximadamente 3 centímetros, presenta características que no encajan con las técnicas de forja antiguas conocidas. El hierro de la cabeza del martillo es sorprendentemente puro, con una pureza del 96%, y además muestra una resistencia a la oxidación que desconcierta a los metalúrgicos. El mango de madera, por otro lado, ha comenzado a fosilizarse, un proceso que requiere miles o incluso millones de años para ocurrir. Estos detalles llevaron a algunos a sugerir que el martillo podría ser evidencia de una civilización avanzada prehistórica, o incluso de viajeros del tiempo. Los escépticos, sin embargo, plantean que el martillo podría pertenecer al siglo XIX y haber quedado atrapado en un proceso de concreción rápida, donde los minerales disueltos en el agua forman capas de roca alrededor de objetos relativamente recientes, dándoles la apariencia de antigüedad geológica. Sin embargo, esta explicación no ha convencido a todos, y el Martillo de Texas sigue siendo objeto de debate y especulación.

En paralelo, pero bajo circunstancias diferentes, se encuentra el Martillo de Kingoodie, descubierto en Escocia a mediados del siglo XIX. Durante unas excavaciones en una cantera cercana al pueblo de Kingoodie, el geólogo David Brewster encontró un fragmento de hierro incrustado en una capa de piedra arenisca que, según sus estimaciones, databa de al menos 360 millones de años, perteneciente al período Carbonífero. La pieza de hierro resultó ser parte de un martillo, lo que planteó un dilema similar al del Martillo de Texas: ¿cómo es posible que un artefacto humano terminara encapsulado en una formación geológica tan antigua? Este hallazgo dejó perplejo a Brewster, quien documentó el descubrimiento en sus informes, pero enfrentó el escepticismo de sus colegas, que argumentaron que el hierro debía de haberse introducido en la roca mucho después de su formación.

Sin embargo, lo que diferencia al Martillo de Kingoodie del Martillo de Texas es que el primero carece de un mango de madera, lo que ha complicado la datación precisa del objeto. A pesar de ello, los análisis del hierro mostraron una pureza notablemente alta, lo cual es inusual para el período en que se cree que fue creado. Algunos investigadores han señalado que, de ser genuino, este martillo podría implicar la existencia de una civilización desconocida con conocimientos avanzados de metalurgia durante el Carbonífero, cuando la vida en la Tierra estaba dominada por reptiles y anfibios primitivos, y los primeros árboles apenas comenzaban a poblar el planeta.

Ambos artefactos han generado una serie de teorías controvertidas, que van desde la posibilidad de civilizaciones avanzadas prehistóricas hasta intervenciones extraterrestres o anomalías temporales. En el caso del Martillo de Texas, algunos defensores de las teorías más radicales sugieren que podría ser prueba de contacto con viajeros del tiempo o de una cultura tecnológicamente avanzada que desapareció sin dejar rastro. El Martillo de Kingoodie, por su parte, ha sido citado en numerosos libros y documentales como evidencia de que nuestra comprensión del pasado es, en el mejor de los casos, incompleta y, en el peor, fundamentalmente equivocada.

A pesar de las teorías alternativas, la comunidad científica ha intentado ofrecer explicaciones más racionales. Una de ellas sugiere que ambos martillos podrían haber quedado atrapados en procesos geológicos rápidos, como la concreción o la recristalización de minerales, que habrían creado una falsa apariencia de antigüedad. Esta hipótesis, sin embargo, no explica la pureza del hierro ni la fosilización del mango del Martillo de Texas, ni tampoco la presencia del Martillo de Kingoodie en una capa de arenisca del Carbonífero, que debería estar libre de cualquier interferencia humana.

En última instancia, el misterio que rodea al Martillo de Texas y al Martillo de Kingoodie permanece sin resolver. Estos artefactos siguen desafiando nuestra comprensión del pasado y sirven como recordatorios de que, aunque hemos avanzado enormemente en el conocimiento de nuestra historia, todavía hay capítulos oscuros e inexplorados que esperan ser revelados. Tal vez, algún día, nuevos descubrimientos o avances en la datación y análisis de materiales nos proporcionen respuestas más claras. Hasta entonces, estos martillos seguirán siendo símbolos de lo inexplicable, objetos anacrónicos que parecen decirnos que no todo lo que creemos saber sobre el pasado es, necesariamente, cierto.

Las esferas de Klerksdorp: el misterio metálico de la Prehistoria

Esfera de Klerksdorp. Fuente: Wikipedia

A simple vista, las esferas encontradas en las minas de Klerksdorp, Sudáfrica, podrían pasar desapercibidas. Son pequeñas, de apenas unos centímetros de diámetro, y tienen una forma sorprendentemente regular. Al sostener una de ellas en la mano, uno podría sentirse transportado a un tiempo remoto, mucho antes de que los humanos comenzaran a moldear el metal, antes de la primera herramienta de piedra o la primera chispa de fuego. Pero estas esferas son más que simples piedras; son objetos que desafían la comprensión y la lógica, conocidos como OOPARTs, objetos fuera de lugar. Su existencia ha provocado debates y controversias que aún persisten hasta hoy.

El descubrimiento de estas esferas ocurrió en la década de 1980, cuando los mineros que trabajaban en las profundidades de las minas de pirofilita de la región comenzaron a desenterrarlas junto a capas de sedimento de 2.800 millones de años de antigüedad. Al principio, se pensó que eran meras concreciones naturales, formaciones geológicas creadas por la presión y la mineralización. Sin embargo, la perfección de su forma y los extraños surcos que rodean algunas de estas esferas han llevado a muchos a cuestionar esta explicación convencional.

Algunos de los ejemplares más sorprendentes presentan tres líneas paralelas que circunvalan su ecuador, como si hubieran sido grabadas a propósito. El material de estas esferas también es inusual: están compuestas de una mezcla de hematita y goethita, minerales que pueden encontrarse en la naturaleza, pero que no suelen adoptar formas tan regulares y simétricas por sí solos. La precisión de los surcos, así como la estructura interna de algunas de las esferas, ha llevado a algunos investigadores a proponer que estas no son meros caprichos de la naturaleza, sino artefactos que podrían haber sido manufacturados.

Las teorías sobre el origen de estas esferas se dividen en dos grandes corrientes. Por un lado, la explicación científica convencional sostiene que las esferas de Klerksdorp son concreciones naturales, formadas por la acumulación lenta de minerales alrededor de un núcleo, durante millones de años. Según esta teoría, los surcos podrían ser el resultado de procesos de erosión o de presiones geológicas particulares que actuaron sobre la esfera en distintas fases de su formación. Sin embargo, esta explicación no convence a todos.

Algunos geólogos han señalado que la estructura interna de las esferas es extraordinariamente homogénea y presenta una dureza mayor a la de los minerales circundantes, lo que sugiere que no podrían haberse formado en estas condiciones tan extremas de manera espontánea. De hecho, las pruebas de dureza realizadas por varios investigadores indicaron que estas esferas eran tan resistentes que podían rayar el vidrio, algo que no se esperaría de una concreción mineral típica.

Por otro lado, los defensores de las teorías alternativas, como los proponentes de la arqueología prohibida, argumentan que las esferas de Klerksdorp son evidencia de una civilización avanzada que existió en la Tierra mucho antes de lo que la historia oficial reconoce. Según esta teoría, estas esferas podrían ser restos de un artefacto tecnológico o herramientas creadas por una cultura perdida que poseía conocimientos avanzados sobre metalurgia y precisión. Quizás se trata de una civilización que, debido a un cataclismo o a eventos desconocidos, fue borrada del registro histórico, dejando solo estos pequeños objetos como prueba de su existencia.

Otra teoría fascinante sugiere que estas esferas podrían haber tenido un propósito ritual o simbólico. Algunos investigadores han sugerido que podrían haber sido utilizadas como pesos o instrumentos de medición en una sociedad prehistórica avanzada. Otros, más especulativos, han propuesto que estas esferas podrían haber servido como piezas de un mecanismo antiguo, tal vez incluso partes de una tecnología perdida similar al mecanismo de Anticitera, el famoso "ordenador" de la antigua Grecia.

Sin embargo, la teoría más controvertida es la que relaciona estas esferas con visitas extraterrestres. Algunos ufólogos han propuesto que estas esferas son dispositivos de origen alienígena, dejados atrás como prueba de una presencia que data de hace millones de años. Los surcos en las esferas, según esta teoría, podrían ser marcas dejadas por mecanismos o herramientas alienígenas durante su creación. Aunque esta idea es rechazada por la ciencia convencional, sigue atrayendo a los entusiastas de los OOPARTs y a los investigadores que creen que los antiguos mitos y leyendas sobre "dioses" que visitaron la Tierra podrían tener una base real.

Las esferas de Klerksdorp permanecen, hasta hoy, en exhibición en el pequeño museo de Klerksdorp, donde atraen tanto a turistas curiosos como a investigadores que buscan respuestas a su enigma. Para muchos, representan un simple misterio geológico, una rareza natural sin mayor significado. Para otros, son evidencia tangible de que la historia humana es mucho más antigua y compleja de lo que aceptamos, y que aún quedan capítulos por descubrir en la vasta narrativa de nuestro pasado.

El enigma de estas esferas invita a reflexionar sobre cuántas veces hemos pasado por alto evidencias del pasado, simplemente porque no encajan en nuestras narrativas establecidas. ¿Podría ser que estas esferas sean pistas dejadas por una civilización antigua que, al igual que los mitos de la Atlántida o los relatos sumerios sobre los Anunnaki, nos indican que alguna vez existieron culturas mucho más avanzadas de lo que imaginamos? O tal vez estas esferas son simplemente un capricho geológico, una anomalía que nos recuerda que la naturaleza, con sus procesos impredecibles, aún tiene el poder de sorprendernos y desafiar nuestras explicaciones.

Mientras no se llegue a una conclusión definitiva, las esferas de Klerksdorp seguirán siendo un símbolo del enigma que representa el pasado de la humanidad. Nos recuerdan que aún hay mucho que no sabemos, y que la historia, como las capas de sedimento que cubrieron estas esferas, es profunda y compleja, y está esperando a ser desenterrada.

Con cada descubrimiento nuevo, como las esferas de Klerksdorp o el Martillo de Texas, se nos presenta una invitación: mirar más allá de lo evidente, cuestionar lo establecido y permitirnos soñar con la posibilidad de que el pasado de nuestro planeta guarda secretos que aún no estamos preparados para comprender.

Dinosaurios grabados en piedra: el misterio de las Piedras de Ica

Piedra de Ica. Fuente: Wikipedia

En 1966, en el desierto de Ica, Perú, un hallazgo extraordinario capturó la atención de arqueólogos, científicos y entusiastas de lo paranormal de todo el mundo: se trataba de una serie de piedras de origen desconocido, talladas con grabados misteriosos que desafiaban toda lógica histórica. Estas piedras, de un gris oscuro, contenían imágenes que parecían pertenecer a un pasado antiguo y sin embargo, mostraban escenas que parecían imposibles para las civilizaciones precolombinas de las que supuestamente procedían. Dinámicas escenas de dinosaurios, complejas operaciones quirúrgicas, mapas detallados, y hasta representaciones de tecnologías avanzadas cubrían las superficies de estas piedras en una sucesión de grabados detallados que resultaban desconcertantes para los estudiosos.

Las Piedras de Ica fueron descubiertas y presentadas al público por el Dr. Javier Cabrera Darquea, médico peruano e investigador, quien se encontró por primera vez con una de estas piedras cuando un amigo le obsequió una pequeña piedra grabada con el dibujo de lo que parecía ser un pez prehistórico. La peculiaridad del grabado intrigó tanto al Dr. Cabrera que comenzó una búsqueda intensiva por las tierras de Ica, contactando a los campesinos locales, quienes, según rumores, tenían en su posesión más piedras de este tipo. Los aldeanos comenzaron a ofrecer al doctor una gran variedad de piedras con grabados similares, hasta que Cabrera acumuló una colección de más de 15,000 piedras, muchas de ellas con grabados sorprendentemente avanzados para su época.

Los grabados en las piedras desafiaban la cronología convencional de la historia. Uno de los temas más recurrentes eran los dinosaurios, representados con gran detalle: se podían ver saurópodos, estegosaurios e incluso dinosaurios alados, todos con una precisión que resultaba inquietante para los expertos en paleontología. Este nivel de detalle llevó a Cabrera a proponer una teoría controvertida: según él, los grabados representaban una civilización extremadamente antigua, previa a cualquier otra registrada, que había coexistido con estos animales prehistóricos.

La teoría de Cabrera sugería que una civilización avanzada y desaparecida había dejado su huella en las piedras de Ica, mostrando un conocimiento extenso sobre anatomía, astronomía y tecnología, que iba mucho más allá de lo que se esperaba para la época en que supuestamente fueron creadas. Una de las piedras más impactantes mostraba una figura humana realizando una operación a corazón abierto, con instrumentos quirúrgicos reconocibles. Otras representaban mapas detallados de continentes que, según la teoría de la deriva continental, no habían estado juntos en esa disposición en millones de años. Las implicaciones de estas imágenes sugerían un tipo de tecnología avanzada que desafiaba la historia aceptada.

Sin embargo, la comunidad científica se mostró profundamente escéptica ante las afirmaciones de Cabrera. Las piedras de Ica carecían de un contexto arqueológico claro, ya que no fueron halladas en excavaciones oficiales y no se pudieron asociar con ninguna cultura precolombina conocida. Los aldeanos que proporcionaron las piedras al Dr. Cabrera afirmaron haberlas encontrado en cuevas y en los suelos del desierto, pero en la mayoría de los casos, no ofrecieron pruebas de los lugares exactos. Esto generó un debate sobre la autenticidad de las piedras, y algunos críticos sugirieron que podrían ser falsificaciones modernas, creadas para satisfacer la creciente demanda de objetos arqueológicos por parte de los turistas y coleccionistas extranjeros.

A lo largo de los años, la controversia sobre la autenticidad de las piedras de Ica ha estado marcada por acusaciones de fraude y manipulaciones deliberadas. Uno de los argumentos principales en contra de su autenticidad fue que los aldeanos locales confesaron haber grabado muchas de las piedras para venderlas, utilizando herramientas rudimentarias. Sin embargo, el Dr. Cabrera siempre defendió la autenticidad de su colección personal, argumentando que las piedras con las imágenes más detalladas y complejas no presentaban marcas de grabado moderno y que los campesinos que le suministraron las piedras simplemente habían replicado los grabados auténticos en otras rocas para obtener ganancias económicas.

Las implicaciones de estas piedras, en caso de ser auténticas, son inmensas. La presencia de dinosaurios en las piedras sugiere que sus creadores no solo los conocían, sino que también tenían un conocimiento detallado de su anatomía. Esto plantea preguntas fundamentales: ¿existió realmente una civilización avanzada en el pasado remoto que documentó su conocimiento en piedra? Y si es así, ¿cómo adquirieron este conocimiento? Algunos teóricos han propuesto la posibilidad de contactos con civilizaciones extraterrestres que habrían visitado la Tierra en el pasado, interactuando con culturas antiguas y dejándoles conocimiento avanzado. Otra teoría es que, de haber existido una civilización humana tan avanzada, habría desaparecido sin dejar rastro, quizás por algún cataclismo que borró toda evidencia tangible de su existencia, a excepción de estas misteriosas piedras.

La tecnología representada en las piedras sugiere una comprensión avanzada de la anatomía humana y del universo. Representaciones de operaciones quirúrgicas complejas y la presencia de seres que parecen ser médicos y científicos, ilustran una sociedad que, de ser auténtica, poseía conocimientos médicos que rivalizan con los nuestros. Esto implicaría que el conocimiento médico y científico, lejos de ser un producto reciente de la evolución humana, podría haber existido miles de años antes de lo que se creía posible, y se habría perdido en algún punto de la historia.

Sin embargo, el escepticismo persiste. La mayoría de los arqueólogos y científicos consideran que las piedras de Ica son una falsificación elaborada. Estudios realizados en algunas de las piedras han revelado que ciertos grabados muestran signos de haber sido hechos con herramientas metálicas modernas, lo cual contradice las fechas que propone Cabrera. Otros estudios han señalado la falta de una capa de pátina natural en algunas piedras, lo que sugiere que los grabados son recientes. Pese a estos hallazgos, la colección de piedras de Ica sigue siendo una de las grandes controversias arqueológicas del siglo XX, y el debate sobre su autenticidad continúa en la actualidad.

Independientemente de su autenticidad, las Piedras de Ica plantean un dilema fascinante sobre la historia humana y el conocimiento perdido. Si son falsificaciones, representan un caso complejo de fraude arqueológico que explota el deseo humano de creer en una historia oculta y en un pasado alternativo lleno de misterios y maravillas. Pero si alguna de ellas resulta ser auténtica, entonces la historia de la humanidad se abre a un pasado que todavía no comprendemos del todo, un pasado donde lo imposible parece haber sido real. Las Piedras de Ica, reales o no, encarnan ese deseo de explorar lo desconocido, de buscar respuestas a preguntas que han atormentado a la humanidad desde tiempos inmemoriales: ¿qué tan lejos ha llegado la civilización en el pasado? ¿Qué otros conocimientos se han perdido en la marea del tiempo?

Al igual que ocurre en el caso de la Batería de Bagdad, invita a reflexionar sobre los límites del conocimiento humano y las fronteras de la arqueología. Quizás, en el futuro, descubrimientos adicionales arrojen más luz sobre estos enigmas o, tal vez, las Piedras de Ica permanezcan para siempre como un misterio, un recordatorio de que la historia que conocemos es solo una parte de un rompecabezas mucho más grande y complejo. Con cada piedra, cada grabado, la humanidad se enfrenta a su pasado, un pasado que a veces parece susurrar secretos que aún no estamos preparados para entender. 55

Las huellas de Meister y Glen Rose

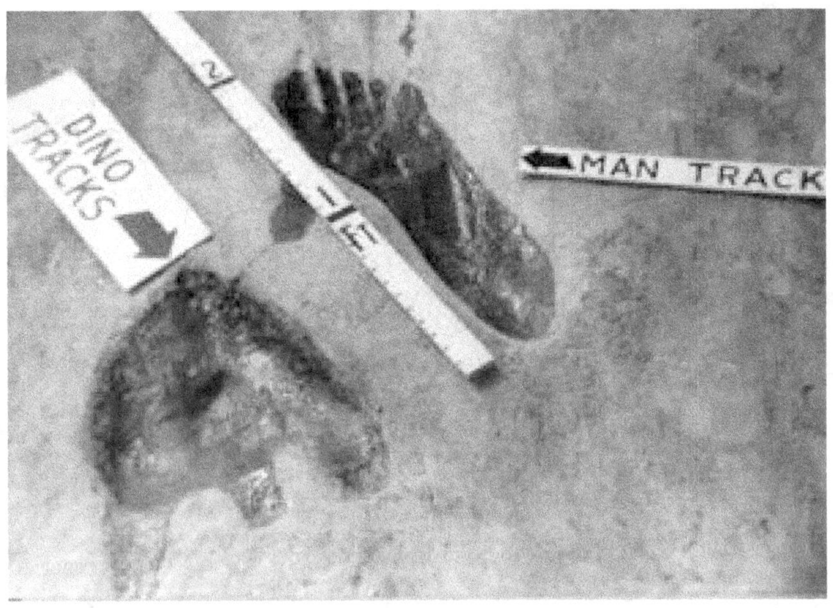

Huella de brontosaurio y huella humana en el lecho del río Paluxy, al menos tiene 100 millones de años. Fuente: Wikipedia

En el mundo de los objetos fuera de lugar, conocidos como OOPARTs, hay descubrimientos que ponen en duda la cronología de la historia humana tal y como la conocemos. Entre estos hallazgos, las huellas de Meister y Glen Rose destacan como ejemplos intrigantes que han despertado tanto fascinación como controversia. Ambas huellas parecen desafiar la comprensión convencional de la evolución y la prehistoria, sugiriendo que los seres humanos podrían haber existido mucho antes de lo que aceptan los relatos científicos actuales.

La historia de las huellas de Meister comienza en 1968, cuando

William J. Meister, un coleccionista de fósiles, se encontraba explorando una zona cercana a Antelope Spring, en Utah, conocida por ser un yacimiento repleto de trilobites fosilizados. Mientras examinaba las rocas de la región, Meister hizo un descubrimiento que cambiaría su vida: al partir una losa de piedra, reveló lo que parecía ser una huella humana, completa con detalles del talón y los dedos. Lo sorprendente no era solo la presencia de esta huella, sino que estaba impresa sobre una capa de roca que contenía trilobites fósiles, criaturas marinas que se extinguieron hace más de 300 millones de años, durante el período Cámbrico. La huella, de unos 32 centímetros de longitud, sugería que quien la dejó llevaba calzado, dado que mostraba contornos rectos y definidos, algo que no ocurre en huellas descalzas. La implicación era desconcertante: si la huella es genuina, sugeriría que humanos modernos, o al menos homínidos calzados, convivieron con criaturas prehistóricas en una época impensable para la ciencia.

El hallazgo de Meister provocó un debate inmediato. Algunos investigadores señalaron que la forma de la huella podría ser simplemente una curiosa erosión natural, una formación fortuita creada por el desgaste de la roca. Sin embargo, otros argumentaron que los detalles de la impresión —la marcada diferencia entre la zona del talón y los dedos, y la forma del arco del pie— eran demasiado precisos como para ser descartados como coincidencia. Además, la presencia de trilobites fosilizados dentro de la misma losa añade un nivel adicional de misterio: estas criaturas vivieron en un tiempo tan remoto que la idea de seres humanos en esa época desafía todas las teorías de la evolución aceptadas. A pesar de esto, la comunidad científica en su mayoría ha rechazado la huella de Meister como prueba concluyente, aduciendo que la datación de las capas rocosas puede haber sido malinterpretada o que los procesos de concreción y fractura de la piedra podrían haber creado una forma que, a simple vista, recuerda una huella humana.

En paralelo, pero con una historia de mayor antigüedad, encontramos las huellas de Glen Rose, descubiertas en el lecho del río Paluxy, en Texas, durante la década de 1930. Este sitio es famoso por contener múltiples huellas de dinosaurios perfectamente conservadas, grabadas en el lecho de roca caliza que data del período Cretácico, hace aproximadamente 110 millones de años. Sin embargo, lo que atrajo la atención de los arqueólogos aficionados y los defensores de teorías alternativas fue la aparición de lo que parecían ser huellas humanas junto a las de los dinosaurios. Estas huellas, conocidas como los "pies de hombre del río Paluxy", mostraban detalles que incluían dedos, el arco del pie y el talón, y medían entre 20 y 35 centímetros de largo, sugiriendo la presencia de seres humanos caminando en la misma época y lugar que los dinosaurios.

La posibilidad de que humanos y dinosaurios coexistieran desafía no solo la teoría de la evolución, sino también nuestra comprensión del desarrollo de la vida en la Tierra. De ser auténticas, estas huellas implicarían que la historia de la humanidad se remonta a una época mucho más antigua de lo que se cree. Este hallazgo dio pie a numerosas interpretaciones, desde teorías creacionistas que lo utilizaron como prueba de un cataclismo global reciente (como el Diluvio bíblico), hasta ideas más radicales que sugerían que civilizaciones avanzadas pudieron haber existido y dejado su rastro antes de ser completamente borradas por catástrofes geológicas.

A lo largo de los años, se han llevado a cabo múltiples estudios sobre las huellas de Glen Rose. Algunos científicos han argumentado que las huellas humanas son en realidad el resultado de erosiones naturales en las huellas de dinosaurios, modificadas por el tiempo y el desgaste del río. Según esta explicación, el paso del agua habría erosionado las huellas de los dinosaurios de tal manera que ahora parecen pies humanos, una ilusión geológica que ha confundido a los observadores. Sin embargo, los defensores de la autenticidad de las huellas argumentan que muchas de ellas muestran detalles anatómicos demasiado precisos para ser explicados como simples coincidencias de erosión, incluyendo los contornos claros de los dedos y la forma de la planta del pie.

El misterio de las huellas de Glen Rose se intensificó cuando, durante excavaciones más recientes, se descubrieron otras impresiones en capas inferiores, lo que sugiere que las huellas humanas podrían haber sido dejadas antes que las huellas de los dinosaurios. Este detalle contradice las teorías que proponen una explicación simple basada en erosión, pues indicaría que las huellas fueron impresas en diferentes momentos, cada una en capas de roca que se formaron en distintas épocas geológicas. Sin embargo, la datación precisa de estas capas ha sido un desafío, y muchos científicos prefieren mantenerse escépticos ante la posibilidad de coexistencia humana-dinosaurio.

En conjunto, las huellas de Meister y Glen Rose representan un desafío persistente para la arqueología y la paleontología. Ambas comparten el enigma de estar impresas en formaciones rocosas que, según todas las dataciones aceptadas, preceden en millones de años a la aparición de los seres humanos. Aunque se han propuesto numerosas explicaciones racionales para estos hallazgos, como la erosión, la fractura natural o la malinterpretación de datos geológicos, la controversia persiste. Los defensores de las teorías más radicales sostienen que estos descubrimientos podrían ser evidencia de civilizaciones humanas mucho más antiguas de lo que la ciencia admite actualmente, o incluso de intervenciones tecnológicas inexplicables.

Hoy en día, los sitios donde se encontraron estas huellas son destinos de interés tanto para curiosos como para investigadores, pero también son puntos calientes en el debate sobre los OOPARTs. ¿Se trata de pruebas irrefutables de que nuestra historia debe ser reescrita? ¿O son meros errores de interpretación, fenómenos geológicos que engañan nuestros sentidos? Por ahora, las respuestas siguen siendo tan resbaladizas como las huellas en el lecho de un río antiguo, dejándonos con más preguntas que certezas sobre nuestro verdadero lugar en la historia del planeta.

El zapato de Nevada

Huella de zapato fosilizada en Nevada. Fuente: Wikipedia

En el vasto desierto de Nevada, conocido por su geografía hostil y sus vastas extensiones de formaciones rocosas, se descubrió un objeto que ha desconcertado tanto a geólogos como a arqueólogos desde hace más de un siglo. Se trata de un fósil peculiarmente detallado que muchos llaman el zapato petrificado de Nevada, una pieza que, si es auténtica, pondría en duda la línea temporal aceptada de la historia humana. El misterio del zapato de Nevada empieza no solo con su aparente datación, sino con su singular forma y detalles.

El descubrimiento del zapato fosilizado se remonta a 1917, cuando un prospector de minerales, John T. Reid, se encontraba explorando la región del desierto en busca de posibles yacimientos de oro. Durante su búsqueda, Reid encontró una roca extraña que llamó su atención: tenía una forma inusualmente simétrica, que recordaba claramente a un talón y un zapato desgastado. Lo que más le intrigó fue el nivel de detalle visible, que parecía mostrar una estructura semejante a una suela, con líneas marcadas que bien podrían ser costuras. La forma no parecía corresponderse con ninguna formación rocosa natural conocida, y Reid, asombrado, decidió llevar la roca a especialistas para su análisis.

Cuando los geólogos examinaron el hallazgo, lo que en un principio pudo haberse descartado como una simple coincidencia geológica comenzó a parecer más un objeto fabricado. El "zapato" parecía estar petrificado, convertido en piedra caliza, lo que implicaba que debía tener una antigüedad de al menos unos 200 millones de años, pues esa era la datación aproximada de las capas de roca en las que fue encontrado. Este período geológico corresponde al Triásico, mucho antes de la aparición no solo del ser humano, sino también de los mamíferos más avanzados.

Los detalles de la supuesta suela del zapato son lo que lo hace tan desconcertante. A simple vista, y bajo observación con lupa, se pueden identificar lo que parecen ser costuras alrededor de los bordes, algo que indicaría un proceso de fabricación. Además, la parte posterior del fósil tiene una marcada protuberancia que recuerda a la elevación del talón de un zapato desgastado. Estos aspectos llevaron a Reid y a otros investigadores de su tiempo a sugerir que el fósil podría ser una prueba de la existencia de una civilización tecnológicamente avanzada que existió mucho antes de lo que la ciencia actual considera posible. Reid incluso teorizó que podría tratarse de un zapato fabricado por una cultura humana avanzada que vivió durante la era de los dinosaurios.

El descubrimiento del zapato petrificado fue recibido con escepticismo por la comunidad científica de la época, y aún hoy sigue siendo objeto de debate. Una de las principales críticas es que no se ha realizado un análisis geológico completo ni una datación precisa mediante métodos modernos como la datación por isótopos, lo que deja el hallazgo en una zona gris de incertidumbre. Muchos geólogos sostienen que la forma del zapato es simplemente una formación rocosa poco común, creada a partir de procesos de erosión y sedimentación. Argumentan que las líneas que parecen costuras podrían ser fracturas naturales en la piedra, y que la forma del talón es una ilusión causada por la erosión diferencial, donde ciertas partes de la roca se desgastan más rápido que otras.

Sin embargo, los defensores del zapato petrificado argumentan que la simetría y los detalles visibles son demasiado precisos para ser considerados meras coincidencias naturales. Indican que las formaciones rocosas con patrones tan específicos son extremadamente raras, y más aún que aparezcan en capas de roca tan antiguas. Algunos sugieren que el zapato podría ser un objeto real, que quedó fosilizado y preservado durante millones de años, siendo una prueba de la existencia de seres humanos o seres inteligentes en un pasado remoto de la Tierra. Para estos teóricos, el zapato de Nevada encajaría dentro de la categoría de OOPARTs, objetos que parecen fuera de lugar y tiempo, y que desafían el conocimiento aceptado sobre la evolución humana.

Con el paso de los años, el interés por el zapato de Nevada ha fluctuado, siendo a menudo relegado a la categoría de curiosidades o anécdotas pseudocientíficas. Sin embargo, en la década de 1980, el hallazgo cobró nueva vida gracias a un renovado interés por los OOPARTs. Varias expediciones se organizaron para buscar más evidencia en la misma zona donde Reid encontró el fósil, pero no se descubrieron objetos adicionales que pudieran corroborar la existencia de una civilización avanzada prehistórica. La falta de pruebas adicionales ha llevado a muchos escépticos a considerar el zapato de Nevada como una simple pareidolia, el fenómeno de ver formas reconocibles en objetos inanimados.

A pesar de esto, el fósil continúa siendo una pieza intrigante en el debate sobre la historia oculta de la humanidad. Los defensores del zapato señalan que la ciencia ha tenido que reevaluar en varias ocasiones descubrimientos que inicialmente se consideraron imposibles, solo para ser aceptados décadas o siglos después. Sugieren que, si bien no existe aún una explicación definitiva para el zapato de Nevada, su existencia debería motivar más estudios y exploraciones, en lugar de ser descartada sin investigación exhaustiva.

El misterio del zapato petrificado sigue latente, escondido en algún rincón del desierto de Nevada, cubierto por las arenas del tiempo y la incredulidad de la ciencia moderna. ¿Es solo una curiosidad geológica, una extraña formación natural que parece un objeto fabricado? ¿O es posible que haya fragmentos de la historia de la Tierra que todavía no comprendemos completamente, y que los OOPARTs como el zapato de Nevada sean ecos de civilizaciones olvidadas? Por ahora, la respuesta permanece fuera de nuestro alcance, dejándonos solo con una huella pétrea que parece desafiar el paso del tiempo y la narrativa establecida de nuestro propio origen.

Las esferas de Ottosdal

Esfera de Ottosdal similar a las de Klerksdosp. Fuente: Wikipedia

En el paisaje árido y polvoriento de Ottosdal, una pequeña ciudad en el noroeste de Sudáfrica, se han encontrado algunas de las reliquias más misteriosas y desconcertantes que jamás han desafiado el entendimiento de la ciencia moderna. Conocidas como las esferas de Ottosdal, estos pequeños objetos esféricos han suscitado un debate encendido entre geólogos, arqueólogos y teóricos de los OOPARTs, por sus características aparentemente imposibles para el período geológico al que pertenecen. Descubiertas en depósitos minerales que datan de hace casi 2.800 millones de años, estas esferas presentan una serie de peculiaridades que desafían cualquier explicación natural sencilla.

Las esferas suelen tener entre uno y diez centímetros de diámetro y están compuestas principalmente de un mineral llamado hematita, una forma de óxido de hierro. Sin embargo, también se han encontrado algunas hechas de piritas, un mineral metálico que suele formarse en condiciones específicas. Lo que hace a estas esferas tan extraordinarias no es solo su edad, sino sus propiedades y su apariencia. Algunas tienen una forma casi perfectamente esférica, con un pulido que sugiere haber sido moldeadas por una mano habilidosa, algo inconcebible dada la época a la que pertenecen. Muchas de estas esferas muestran ranuras o surcos paralelos que corren a lo largo de sus superficies, con una precisión que parece más propia de maquinaria moderna que de un proceso geológico natural.

El descubrimiento de las esferas se hizo por primera vez en la década de 1970, cuando los mineros que trabajaban en los depósitos de pirofilita de Ottosdal comenzaron a encontrar estos objetos mientras extraían la roca. La pirofilita es un mineral suave y de baja dureza, que data del período Precámbrico, una era en la que solo existían microorganismos simples, mucho antes de la aparición de formas de vida complejas, y, por supuesto, de los humanos. Los geólogos que analizaron el entorno de los hallazgos quedaron perplejos: ¿cómo podían aparecer objetos tan complejos en estratos geológicos de casi tres mil millones de años?

El misterio de las esferas de Ottosdal se hizo aún más intrigante debido a su aparente perfección. Los surcos que recorren algunas de estas esferas están tan uniformemente espaciados que los científicos han llegado a sugerir que fueron creados intencionalmente, algo que desafía cualquier lógica evolutiva y tecnológica de la época. Algunos investigadores han comparado estos objetos con pequeños dispositivos o engranajes, mientras que otros teorizan que podrían haber sido artefactos rituales o incluso juguetes de una civilización prehumana completamente desconocida. Las ranuras no solo son extrañas, sino que a menudo parecen estar situadas en el centro exacto de la esfera, una alineación que sería difícil de explicar incluso con herramientas modernas, y que resulta aún más difícil de concebir en el contexto de la Tierra Precámbrica.

Sin embargo, la comunidad científica ha ofrecido explicaciones alternativas, intentando desmitificar el origen de estas esferas. Algunos geólogos argumentan que las esferas son un fenómeno natural conocido como concreciones, formaciones minerales que se producen cuando minerales disueltos se precipitan y forman estructuras compactas dentro de la roca madre. Estas concreciones pueden adoptar diversas formas, incluyendo esferas, y a menudo presentan capas o surcos debido a los diferentes ritmos de deposición mineral a lo largo de los milenios. Los defensores de esta teoría sugieren que la composición y forma de las esferas no son tan inusuales como parecen a primera vista, y que el pulido aparente podría ser el resultado de procesos de erosión prolongados.

A pesar de estas explicaciones científicas, muchos detalles de las esferas siguen sin tener respuesta. Los surcos, por ejemplo, son demasiado precisos y regulares para ser fácilmente atribuidos a fenómenos geológicos naturales. Además, algunas de las esferas parecen estar hechas de aleaciones que no son comunes en formaciones naturales, lo que ha llevado a especulaciones sobre su origen artificial. Algunos teóricos de los OOPARTs han propuesto ideas más radicales, sugiriendo que estas esferas podrían ser evidencia de tecnología avanzada de una civilización perdida, tal vez anterior a cualquier registro conocido de vida inteligente en la Tierra. Hay incluso quienes sostienen que estas esferas podrían ser artefactos extraterrestres, dejados atrás por seres de otros mundos durante visitas prehistóricas a nuestro planeta.

Otro enigma relacionado con las esferas de Ottosdal es su anomalía magnética. Algunos informes afirman que cuando se colocan en superficies planas, ciertas esferas muestran un ligero movimiento oscilante, como si tuvieran propiedades magnéticas inexplicables. Estas observaciones han sido recibidas con escepticismo, ya que muchos estudios no han podido replicar estos resultados en condiciones controladas, sugiriendo que el movimiento podría ser causado por corrientes de aire o vibraciones ambientales. Sin embargo, para los partidarios de la hipótesis de los OOPARTs, esta posible anomalía magnética es una señal más de que las esferas podrían haber sido utilizadas como algún tipo de instrumento o dispositivo.

El misterio de las esferas de Ottosdal sigue vivo, alimentado tanto por la incertidumbre científica como por la fascinación popular. Aunque los estudios convencionales tienden a clasificarlas como simples concreciones geológicas, su apariencia casi perfecta y los detalles inusuales en su diseño continúan inspirando teorías sobre antiguas civilizaciones perdidas y visitas extraterrestres. Para muchos, estas esferas representan una ventana a un pasado olvidado, una época en la que la Tierra pudo haber sido hogar de seres y tecnologías que ahora se encuentran enterrados bajo el peso de millones de años de historia geológica.

Algunos investigadores afirman que tanto estas esferas como las descrityas anteriormente y que también se descubrieron en Sudáfrica, en Klersdorp, están estrechamente relacionadas. Si bien las esferas de Klersdorp y las de Ottosdal no son exactamente lo mismo, se pueden considerar relacionadas en el sentido de que ambas comparten características muy similares: son esferas metálicas, con algunas mostrando marcas inusuales, y ambas fueron descubiertas en Sudáfrica en un período de tiempo relativamente cercano. Ambas han sido objeto de teorías misteriosas, especialmente sobre su origen, debido a la complejidad de sus formas y la presencia de marcas que parecen haber sido hechas con una precisión que no corresponde a procesos naturales fácilmente explicables.

En resumen, aunque no son el mismo objeto, las esferas de Klersdorp y las de Ottosdal están muy relacionadas debido a sus características similares, y su presencia en Sudáfrica ha alimentado debates y teorías sobre su origen, ya sean naturales, geológicas o incluso artificiales.

Hasta que se realicen análisis más exhaustivos, o se encuentren otros objetos similares que ofrezcan más contexto, las esferas de Ottosdal seguirán siendo uno de los enigmas más intrigantes y debatidos de la arqueología. ¿Son simples curiosidades geológicas, formadas por los caprichos de la naturaleza, o son reliquias de un pasado que todavía no comprendemos? La respuesta sigue siendo un enigma, oculta en el interior de estas pequeñas y enigmáticas esferas, que continúan desconcertando a todos aquellos que se atreven a examinarlas con detenimiento.

2. Evidencia de Tecnología Avanzada

Artefactos que sugieren el uso de tecnologías mucho más avanzadas de lo que se creía posible para la época.

La Máquina de Anticitera

Máquina de Anticitera. Fuente: Wikipedia

En 1901, un grupo de pescadores de esponjas navegaba cerca de la pequeña isla griega de Anticitera cuando descubrieron un naufragio a unos 45 metros de profundidad. Entre los restos del barco, cargado con estatuas, monedas y otros objetos de la época romana, apareció un artefacto pequeño y corroído, compuesto de bronce y madera, que inicialmente no parecía muy importante. Sin embargo, este artefacto, ahora conocido como el Mecanismo de Anticitera, resultó ser una de las piezas más intrigantes y complejas de la historia de la tecnología antigua. Con el tiempo, su estudio revelaría un sorprendente nivel de sofisticación mecánica que desafiaba las ideas preconcebidas sobre los conocimientos de los antiguos griegos.

El Mecanismo de Anticitera, que data aproximadamente del siglo I a.C., es un dispositivo complejo de engranajes y ruedas que los arqueólogos y científicos creen que servía como un avanzado calculador astronómico. Su estructura y funcionamiento, una vez reconstruidos, parecían más cercanos a un reloj de precisión o a una computadora primitiva, un logro técnico y científico extraordinario para una época en la que se pensaba que no existía tal nivel de conocimiento mecánico. Cuando los arqueólogos comenzaron a estudiar este objeto, quedó claro que era mucho más avanzado de lo que se había imaginado: un sistema de engranajes tan preciso y elaborado que no se volvería a ver en Europa hasta mil años después.

El dispositivo se compone de al menos 37 engranajes de diferentes tamaños y proporciones, dispuestos de una manera intrincada y precisa. La maquinaria incluye ruedas dentadas con dientes triangulares, ejes y discos que encajan a la perfección, sugiriendo que fue diseñado por un artesano de gran habilidad y conocimiento matemático. Gracias a técnicas avanzadas como la tomografía de rayos X y el análisis computarizado, los investigadores han podido reconstruir parcialmente el funcionamiento del mecanismo y sus componentes. Aparentemente, el mecanismo servía para predecir movimientos astronómicos con notable exactitud, incluyendo el ciclo lunar, las fases de la luna, los eclipses, e incluso los movimientos de los planetas visibles.

El funcionamiento del mecanismo se basa en complejas fórmulas matemáticas, algunas de las cuales derivan de las teorías de Hiparco de Nicea, un famoso astrónomo griego del siglo II a.C., que fue pionero en el estudio de los ciclos astronómicos y la precesión de los equinoccios. Esto sugiere que los antiguos griegos poseían no solo un conocimiento avanzado de la astronomía, sino también la habilidad de aplicarlo en un artefacto mecánico. Algunas inscripciones encontradas en el mecanismo, escritas en griego antiguo, parecen detallar las funciones de los diferentes engranajes y ofrecer instrucciones para su uso, lo cual refuerza la teoría de que se utilizaba como una herramienta educativa y de predicción astronómica.

Para comprender la magnitud de este hallazgo, es crucial considerar el contexto histórico. En el mundo antiguo, los conocimientos matemáticos y astronómicos eran limitados y, en general, no se aplicaban a dispositivos mecánicos complejos. La creación de un mecanismo de este tipo implica un dominio de la metalurgia, la ingeniería y la mecánica que simplemente no se esperaba en esa época. A día de hoy, no se ha encontrado ningún otro dispositivo comparable en el mundo antiguo, lo que plantea una serie de preguntas: ¿Cómo obtuvieron los antiguos griegos este nivel de conocimiento? ¿Existía una tradición de construcción de dispositivos avanzados de la que no se tiene registro? O, como algunos proponen, ¿podría haberse tratado de un conocimiento legado de una civilización aún más antigua?

El Mecanismo de Anticitera, si bien es de origen griego, plantea teorías que van desde influencias egipcias o mesopotámicas hasta ideas más especulativas sobre civilizaciones antiguas que habrían alcanzado un alto grado de desarrollo tecnológico y científico, pero que desaparecieron dejando pocos rastros. Una teoría sugiere que el mecanismo podría ser evidencia de que existía una tradición perdida de tecnología avanzada en la Grecia antigua, una tradición que posiblemente fue destruida en guerras o catástrofes, y cuya existencia solo podemos inferir a través de esta reliquia.

Por otro lado, los críticos de las teorías de "conocimiento perdido" sostienen que el objeto podría haber sido una creación única, el resultado de la genialidad de un solo inventor o de un pequeño grupo de artesanos y científicos con conocimientos excepcionales.

Esta visión sugiere que el mecanismo fue un logro aislado, un ejemplo de cómo un genio individual o una comunidad pequeña pudo haber alcanzado avances tecnológicos de manera independiente. Sin embargo, la precisión y el grado de detalle del mecanismo hacen que esta teoría también resulte difícil de sostener.

Además de su complejidad técnica, plantea cuestiones sobre la transmisión del conocimiento en el mundo antiguo. Durante siglos, las civilizaciones antiguas compartieron y desarrollaron conocimientos a través de contactos culturales y comerciales. No obstante, la caída de las civilizaciones y los desastres naturales interrumpieron este flujo de información, y es posible que muchos logros, como el Mecanismo de Anticitera, se hayan perdido para siempre en el tiempo. Si hubiera habido más de estos dispositivos en la antigüedad, su desaparición implicaría que solo conocemos una fracción del conocimiento tecnológico de civilizaciones como la griega y la romana.

Este aparato, aun en estado fragmentario, se ha convertido en un símbolo de las fronteras del conocimiento histórico y arqueológico. Nos recuerda que, por muy avanzada que parezca nuestra civilización, aún quedan numerosos misterios sobre los conocimientos y capacidades de los pueblos antiguos. Cada vez que una nueva investigación revela más detalles sobre el funcionamiento del dispositivo, aumenta nuestra fascinación por la historia de la ciencia y por lo que aún podríamos aprender de los conocimientos antiguos.

En conclusión, el Mecanismo de Anticitera desafía nuestras ideas sobre el pasado y la evolución tecnológica humana. Este mecanismo de engranajes no solo pone en tela de juicio la visión lineal de progreso tecnológico, sino que también nos invita a considerar la posibilidad de que existan logros perdidos en la historia humana, logros que podrían reescribir nuestra comprensión del desarrollo científico. Con cada nuevo descubrimiento, este ingenio sigue siendo un recordatorio de los enigmas no resueltos de nuestro pasado, y quizás, una pista hacia una historia aún más rica y compleja de lo que imaginamos.

Las Baterías de Bagdad y Luzón

Batería de Bagdad. Fuente: Wikipedia

En la vasta extensión del tiempo, a menudo encontramos objetos que parecen desafiar las expectativas y el conocimiento que tenemos sobre las antiguas civilizaciones. Dos de estos objetos, las llamadas Baterías de Bagdad y las Baterías de Luzón, han desconcertado a arqueólogos, historiadores y científicos desde su descubrimiento. Estos artefactos, aparentemente simples y modestos, contienen elementos que sugieren que nuestros ancestros poseían conocimientos sobre electricidad mucho antes de lo que se creía posible.

El primer objeto de esta intrigante saga es la Batería de Bagdad, descubierta en las cercanías de la antigua ciudad de Ctesifonte, en el actual Irak. Fue en 1938 cuando el arqueólogo Wilhelm König encontró una serie de jarras de barro en las excavaciones del Museo Nacional de Irak. A primera vista, estas jarras parecían recipientes ordinarios, pero al examinarlas más de cerca, König notó algo inusual: cada una contenía un cilindro de cobre, sellado con una tapa de asfalto, dentro del cual había una varilla de hierro. El diseño peculiar del objeto llevó a König a plantear una hipótesis audaz: estos artefactos podrían haber sido dispositivos para generar electricidad, miles de años antes de la invención de la pila eléctrica moderna.

La datación de las jarras se remonta a aproximadamente el año 250 a.C., durante el período parto, aunque algunos estudios sugieren que podrían ser incluso más antiguas. Si bien los objetos parecen sencillos, su configuración es notablemente similar a la de una celda galvánica, lo que llevó a König a proponer que estas jarras se utilizaban como baterías primitivas. La idea de que los antiguos partos, una civilización del Medio Oriente, pudieran haber utilizado electricidad es intrigante, y muchos teóricos han sugerido posibles usos para estas baterías, desde la galvanoplastia para dorar objetos hasta su utilización en rituales religiosos para impresionar a los fieles con ligeros choques eléctricos.

Las pruebas realizadas sobre reproducciones modernas de las Baterías de Bagdad han demostrado que, al llenarlas con un electrolito ácido como vinagre o jugo de limón, pueden generar una pequeña corriente eléctrica de entre 0,5 y 1 voltio. Aunque esta cantidad de electricidad es mínima, es suficiente para demostrar que el concepto básico de una pila eléctrica estaba presente. Sin embargo, la teoría no está exenta de críticas. Muchos arqueólogos creen que las jarras podrían haber sido utilizadas simplemente para almacenar rollos de pergamino o para contener documentos sagrados, y que la idea de una batería es una interpretación moderna que proyecta nuestros propios conocimientos tecnológicos sobre el pasado.

A miles de kilómetros de distancia, en el archipiélago filipino, se descubrió otro artefacto similar que ha sido bautizado como la Batería de Luzón. Hallada en la década de 1960 en una cueva en la isla de Luzón, este objeto también es una vasija de barro, aunque de menor tamaño que las de Bagdad. Dentro del recipiente se encontró una estructura similar: un cilindro metálico rodeado por una varilla de cobre. La datación de este artefacto lo sitúa alrededor del año 500 d.C., durante un período en que las islas estaban habitadas por pueblos tribales que, según los registros históricos, no habrían tenido conocimiento alguno sobre el uso de la electricidad.

El hallazgo de la Batería de Luzón generó una controversia aún mayor que la de Bagdad, dado que no existe evidencia conocida de contactos culturales o comerciales entre los pueblos del Medio Oriente y el sudeste asiático en esa época que pudieran explicar la transmisión de este conocimiento. Algunos investigadores han sugerido que podría tratarse de una invención independiente, resultado de una observación accidental de reacciones químicas al mezclar ciertos materiales. Sin embargo, la coincidencia en el diseño básico de ambos artefactos sugiere algo más: una comprensión compartida y oculta de los principios eléctricos, perdida con el tiempo.

El misterio alrededor de ambas baterías se ha alimentado de teorías que van desde lo plausible hasta lo fantástico. Algunos sostienen que estos artefactos son evidencia de una civilización avanzada prehistórica, cuyos conocimientos tecnológicos superaban lo que se ha registrado en la historia oficial. Otros sugieren que las baterías podrían ser el resultado de contacto con exploradores de culturas desconocidas o incluso visitantes de otros mundos. La teoría de la antigua astronauta ha encontrado en estos objetos un terreno fértil para sus especulaciones, viendo en las baterías la prueba de que seres extraterrestres compartieron conocimientos tecnológicos con los pueblos antiguos.

Por otro lado, los escépticos han ofrecido explicaciones más racionales. Muchos estudiosos apuntan a que tanto las Baterías de Bagdad como las de Luzón podrían haber sido utilizadas para fines rituales, quizás como contenedores sagrados o como elementos decorativos. En el caso de las jarras de Bagdad, el asfalto sellador y la oxidación de los metales podrían haber sido coincidencias fortuitas, más que un intento deliberado de crear una pila eléctrica. Asimismo, en el caso de Luzón, algunos investigadores creen que la disposición metálica encontrada podría haber sido una herramienta de uso desconocido, más relacionada con prácticas chamánicas que con la tecnología galvánica.

A pesar de las teorías y los intentos de desacreditar la idea de las baterías antiguas, la evidencia experimental sigue siendo provocadora. Los científicos que han replicado estos objetos con materiales similares y los han llenado con soluciones ácidas han obtenido resultados consistentes: las reproducciones generan electricidad. Esto sugiere que, incluso si los antiguos no entendían completamente los principios eléctricos detrás de estos artefactos, bien podrían haber aprovechado sus propiedades de manera pragmática.

El misterio de las Baterías de Bagdad y Luzón persiste hasta el día de hoy. Aunque algunos las descartan como simples coincidencias geológicas o religiosas, otros ven en ellas una pista hacia un conocimiento antiguo que se ha perdido con el tiempo. Los museos donde se exhiben estos objetos, como el Museo Nacional de Irak, atraen a miles de visitantes, muchos de los cuales se maravillan ante la posibilidad de que las antiguas civilizaciones tuvieran acceso a la electricidad mucho antes de que Benjamin Franklin o Alessandro Volta experimentaran con ella.

Estos pequeños objetos de barro y metal, humildes en apariencia, continúan desafiando nuestro entendimiento del pasado, planteando preguntas que tal vez nunca se respondan por completo. ¿Fueron simples contenedores rituales? ¿O representan un destello de genialidad tecnológica perdido en la niebla de los milenios? Sea cual sea la verdad, las Baterías de Bagdad y Luzón han asegurado su lugar en el panteón de los OOPARTs, como símbolos de los límites de nuestro conocimiento y del eterno misterio del ingenio humano.

¿Había bombillas en el antiguo Egipto? La lámpara de Dendera

Lámpara de Dendera. Fuente: Wikipedia

En el siglo XIX, los arqueólogos exploraban el Templo de Hathor, ubicado en la ciudad de Dendera, a orillas del río Nilo. Al adentrarse en sus oscuros corredores y cámaras, se encontraron con un enigmático relieve en una de las paredes subterráneas. Lo que descubrieron parecía desafiar las explicaciones convencionales sobre la tecnología del antiguo Egipto: el llamado "relieve de la lámpara de Dendera". La escena, esculpida en la piedra, mostraba figuras humanas rodeadas de lo que parecían ser objetos tubulares de gran tamaño, con una forma similar a una bombilla moderna. La escena se asemejaba, según algunos, a una fuente de luz o un dispositivo tecnológico avanzado, y desde su descubrimiento, ha planteado un desconcertante enigma que continúa fascinando y desconcertando a científicos y estudiosos de todo el mundo.

La lámpara de Dendera se encuentra en una de las criptas subterráneas del templo, que es conocida por su intrincada decoración y simbolismo. En el relieve, se observan figuras que sostienen o manipulan lo que algunos describen como un gran tubo de vidrio o cristal, el cual contiene una forma ondulada en su interior, similar a un filamento de luz. En el extremo de este "tubo" parece haber una especie de conector o enchufe, y una figura con los brazos extendidos parece sujetarlo o interactuar con él. Algunos investigadores interpretan esta imagen como una representación de una lámpara eléctrica, un objeto que no debería haber existido en una civilización que floreció hace más de dos mil años.

Para muchos, la teoría de que el relieve de Dendera representa una "lámpara" desafía toda lógica y desafía el conocimiento histórico sobre la tecnología en el Antiguo Egipto. La idea de que una civilización de hace miles de años hubiera podido desarrollar una tecnología semejante parece improbable, ya que no se ha encontrado evidencia de generadores, baterías o cualquier otro equipo que pudiera haber producido electricidad en el antiguo

Egipto. Sin embargo, el relieve plantea preguntas legítimas: si no se trata de una lámpara, ¿qué es lo que representa?

Para entender la polémica que rodea a la lámpara de Dendera, es necesario analizar las teorías y explicaciones propuestas por egiptólogos y otros investigadores. Una interpretación común en el ámbito académico es que el relieve es una representación simbólica relacionada con la mitología egipcia y sus creencias religiosas. En esta interpretación, el tubo simbolizaría el "loto" o el "papiro", elementos que en la iconografía egipcia suelen estar relacionados con la creación y la regeneración. La forma ondulada dentro del tubo sería una serpiente, símbolo de energía o de la deidad Harsomtus, asociado con la fertilidad y la renovación de la vida.

Según esta teoría, la representación de la "serpiente dentro del tubo" simbolizaría una manifestación del dios Harsomtus emergiendo de una flor de loto, lo que sugiere un ciclo de creación y renacimiento. En esta interpretación, la "lámpara" no sería un dispositivo de iluminación, sino un símbolo mitológico de la creación y la energía vital. Esta visión se alinea con el conocimiento tradicional sobre la religión y mitología egipcia, y se considera la explicación más aceptada entre los egiptólogos.

Sin embargo, no todos están satisfechos con esta explicación simbólica. Algunos investigadores, especialmente aquellos interesados en teorías alternativas, sostienen que el relieve de

Dendera podría ser una representación de un dispositivo tecnológico real. Entre estas teorías se encuentra la hipótesis de que los antiguos egipcios poseían conocimientos avanzados de electricidad o incluso que contaban con la ayuda de una civilización más avanzada, ya sea de origen humano o, según algunos, de origen extraterrestre. Esta teoría especulativa sostiene que esta "lámpara" podría haber sido un dispositivo de iluminación diseñado para las cámaras y túneles oscuros de las pirámides y otros monumentos.

Apoyando esta hipótesis, algunos investigadores citan como evidencia el hecho de que en muchos templos y tumbas egipcias no se encuentran rastros de hollín o de quemaduras, lo cual sería esperable si se hubieran utilizado antorchas o lámparas de aceite para la iluminación. Argumentan que esto podría ser un indicio de que los egipcios usaban algún otro método para iluminar sus construcciones, quizás un método desconocido que no generaba residuos. Sin embargo, esta teoría es controvertida, ya que algunos arqueólogos sugieren que los egipcios utilizaban espejos para reflejar la luz solar hacia el interior de los edificios y túneles, lo cual explicaría la ausencia de residuos de combustión en estas estructuras.

Otra teoría más reciente, aunque igualmente especulativa, es que el relieve representa un conocimiento perdido o un legado de una civilización anterior a los egipcios. Según esta hipótesis, el Antiguo Egipto no fue la primera civilización avanzada en la región, sino que heredó ciertos conocimientos o tecnología de una civilización más antigua, cuya existencia se ha perdido en la historia. Esta civilización pre-egipcia, según los teóricos, habría alcanzado un nivel de desarrollo técnico avanzado antes de desaparecer por completo, dejando únicamente rastros vagos y crípticos de su existencia en símbolos y representaciones artísticas.

Por último, existen quienes sugieren que la lámpara de Dendera podría ser un ejemplo de cómo los seres humanos interpretan el mundo a través de símbolos que trascienden el tiempo. En este sentido, el relieve no sería tanto una prueba de un conocimiento técnico específico, sino un símbolo universal de la búsqueda de la luz y el conocimiento, un tema recurrente en muchas culturas antiguas. Esta visión simbólica universal, aunque menos sensacionalista, ofrece una explicación que se adapta a la interpretación iconográfica egipcia y subraya el uso de metáforas visuales en el arte antiguo.

La lámpara de Dendera sigue siendo objeto de debate y especulación. La interpretación ortodoxa, que la describe como un símbolo de la mitología egipcia, es ampliamente aceptada por la comunidad científica. Sin embargo, la idea de una lámpara antigua, ya sea un símbolo o un dispositivo real, sigue fascinando tanto a investigadores como a aficionados a la historia antigua y los misterios del pasado. Este relieve continúa inspirando teorías sobre tecnologías perdidas y conocimientos olvidados, sobre el ingenio humano y las posibles civilizaciones avanzadas que habrían existido mucho antes de lo que la historia convencional sugiere.

Al igual que otros OOPARTs, la lámpara de Dendera refleja la complejidad de nuestra historia y de los logros antiguos. Su existencia desafía nuestra comprensión de las civilizaciones pasadas, recordándonos que todavía hay mucho por descubrir y que, a pesar de los avances de la arqueología y la tecnología moderna, el conocimiento de nuestros ancestros puede contener secretos que desafían nuestra comprensión actual de la historia. A medida que avanzamos en el estudio de estos misteriosos objetos, puede que algún día logremos desentrañar sus secretos o, al menos, comprender mejor los simbolismos y conocimientos de las culturas que los crearon.

La lámpara de Dendera es, en definitiva, un recordatorio de que el camino hacia el conocimiento está lleno de incógnitas y que, aunque hemos avanzado mucho, la historia sigue guardando enigmas que podrían permanecer sin resolver por generaciones.

El avión de Saqqara

Avión de Saqqara. Fuente: Wikipedia

En el año 1898, durante las excavaciones en Saqqara, una de las necrópolis más antiguas de Egipto, el arqueólogo Khalil Messiha realizó un descubrimiento que inicialmente pasó desapercibido, pero que con el tiempo se convertiría en uno de los OOPARTs (recordemos que es el acrónimo de Out of Place Artifacts) más debatidos de la historia. Dentro de una tumba de más de 2.200 años de antigüedad, correspondiente al período ptolemaico, se halló un pequeño objeto de madera que no parecía tener relación con los demás artefactos rituales. De apenas 15 centímetros de largo, tenía la apariencia de un ave, pero había algo extraño en su diseño: sus proporciones y forma aerodinámica lo hacían parecer más a un avión moderno que a cualquier criatura conocida.

Este objeto, conocido hoy como el avión de Saqqara, se conserva en el Museo de El Cairo, y a simple vista puede ser confundido con una representación de un pájaro, un elemento común en la iconografía egipcia. Sin embargo, una inspección más detallada revela características que han desconcertado a los investigadores desde su descubrimiento. El "avión" tiene alas rectas y una cola vertical, algo inusual para las representaciones de aves de la época. Su diseño es aerodinámico, con una ligera curvatura en las alas que se asemeja a la configuración de los planeadores modernos. La estructura carece de detalles aviares como patas o plumas, lo que lleva a pensar que podría tratarse de algo distinto a una simple figura de pájaro.

El contexto histórico de su hallazgo y las dataciones realizadas sitúan el objeto en el siglo III a.C., una época en la que, según nuestro conocimiento actual, no existía la tecnología ni el entendimiento de los principios de vuelo. Sin embargo, sus proporciones y su forma levantaron sospechas entre algunos investigadores, que comenzaron a especular sobre su posible funcionalidad como un planeador o un modelo a escala de un artefacto volador. La idea, de entrada, parece improbable: ¿cómo pudo una civilización antigua poseer conocimientos sobre aerodinámica y construcción de aviones?

A lo largo del siglo XX, el avión de Saqqara se convirtió en objeto de estudio para científicos y entusiastas. En los años 60, un equipo de ingenieros aeronáuticos encabezado por Khalil Messiha, hermano del descubridor, comenzó a analizar sus propiedades con una perspectiva técnica. Los estudios revelaron que el artefacto tiene un diseño que se asemeja al de los planeadores actuales, con alas curvadas para proporcionar sustentación y una cola vertical estabilizadora. Messiha fue uno de los primeros en sugerir que el objeto no era simplemente una escultura o un juguete, sino una representación consciente de un vehículo volador, lo que implicaría un conocimiento avanzado de la física del vuelo.

Para probar su teoría, el equipo construyó una réplica a mayor escala del objeto de Saqqara y la sometió a pruebas aerodinámicas. Los resultados fueron sorprendentes: el modelo era capaz de planear con éxito, manteniendo un vuelo estable gracias a la forma de sus alas y la posición de la cola. Si bien no se trataba de un avión tal como lo conocemos hoy, el diseño era similar al de un planeador, lo que llevó a algunos a sugerir que los antiguos egipcios podrían haber experimentado con prototipos voladores, utilizando principios que no serían formalmente comprendidos hasta miles de años después.

Sin embargo, la idea de que los egipcios poseyeran conocimiento sobre el vuelo ha sido recibida con escepticismo por la comunidad científica. Muchos arqueólogos sostienen que el objeto es simplemente una figura ritual, una representación simbólica de un pájaro que los antiguos egipcios utilizarían en ceremonias o como amuleto. En el arte egipcio, las figuras de aves eran comunes y a menudo se asociaban con el alma del difunto, conocido como "ba". Esta teoría sostiene que la extraña forma del avión de Saqqara podría ser simplemente un estilo artístico o una interpretación inusual de un pájaro.

Sin embargo, esta explicación no logra resolver todas las incógnitas. La falta de detalles aviares, como patas o plumas, y la precisión de su diseño aerodinámico siguen siendo elementos desconcertantes. Además, en algunos textos antiguos se encuentran referencias a artefactos voladores, aunque a menudo se interpretan como mitos o metáforas. En el papiro Tulli, por ejemplo, se menciona la aparición de "naves en forma de discos" en el cielo de Egipto, aunque la autenticidad de este documento es muy cuestionada. Estas menciones han llevado a algunos teóricos a sugerir la posibilidad de que los antiguos egipcios tuvieran conocimientos o experiencias con tecnología voladora de origen desconocido.

Otra hipótesis fascinante es la influencia de culturas avanzadas perdidas. Algunos teóricos sugieren que el avión de Saqqara podría ser un vestigio de conocimientos transmitidos desde una civilización anterior, quizás una cultura avanzada de la que no tenemos registro, o incluso de visitantes extraterrestres, como han propuesto los defensores de la teoría de los antiguos astronautas. Esta línea de pensamiento sostiene que el artefacto es una prueba más de contactos entre los egipcios y seres de otros mundos, que habrían compartido parte de su tecnología con las civilizaciones antiguas.

A pesar de estas teorías, la mayoría de los académicos se mantienen cautelosos. El consenso general entre los expertos en arqueología egipcia es que el avión de Saqqara es simplemente una pieza ritual con una forma inusualmente aerodinámica, un caso de "pareidolia arqueológica", donde proyectamos nuestros propios conocimientos modernos sobre objetos antiguos. Sin embargo, la falta de pruebas concluyentes y las características únicas del objeto han impedido que se cierre el debate por completo. Sigue siendo una anomalía, una pieza que no encaja del todo en el rompecabezas histórico.

El avión de Saqqara es un símbolo de la eterna curiosidad humana y del misterio que envuelve a las civilizaciones antiguas. Cada vez que un visitante del Museo de El Cairo observa este pequeño artefacto de madera, surge la misma pregunta: ¿qué conocimientos poseían los antiguos egipcios que aún no hemos descubierto? ¿Es posible que hayan experimentado con tecnologías que se creían exclusivas de la era moderna, o simplemente estamos interpretando mal un objeto ritual debido a nuestra propia visión sesgada del pasado?

Sea cual sea la verdad, el avión de Saqqara ha encontrado su lugar en la lista de los OOPARTs más fascinantes. Nos recuerda que aún quedan muchos enigmas por resolver sobre nuestras antiguas civilizaciones y que, a veces, incluso los objetos más simples pueden desafiar nuestras creencias sobre lo que los humanos fueron capaces de lograr en épocas pasadas. El pequeño planeador de Saqqara sigue planeando en nuestra imaginación, como una prueba enigmática de que el ingenio humano puede haber sido mucho más vasto de lo que podemos concebir.

Los bloques de Puma Punku

Bloques de piedra de Puma Punku. Fuente: Wikipedia

En las altas tierras del altiplano boliviano, donde los vientos fríos y secos azotan el paisaje, se encuentra uno de los conjuntos arqueológicos más fascinantes y misteriosos del mundo: Puma Punku, una parte integral del complejo de Tiwanaku. Este sitio, que ha sido fuente de innumerables debates y teorías, destaca por sus imponentes bloques de piedra, algunos de ellos tan enormes que desafían nuestra comprensión de las capacidades tecnológicas de las culturas antiguas. Puma Punku es un testimonio de una civilización que, hace más de un milenio, poseía conocimientos avanzados de ingeniería y arquitectura, aún hoy incomprensibles para los expertos.

Los bloques de Puma Punku son los protagonistas indiscutibles de este enigma. Con un peso que llega a superar las 100 toneladas, estas piezas fueron talladas y ensambladas con una precisión asombrosa, como si se tratase de un gigantesco rompecabezas pétreo. Lo que más llama la atención es su composición: están hechos de andesita y arenisca roja, materiales que no se encuentran en las cercanías del sitio, lo que plantea la primera gran interrogante: ¿cómo lograron transportar estas piedras colosales desde canteras ubicadas a decenas de kilómetros de distancia? Sin el uso de herramientas de metal ni animales de carga, esta hazaña parece casi imposible para una civilización que floreció entre los siglos VI y XI d.C.

Los arqueólogos han propuesto diversas teorías sobre los métodos que podrían haber utilizado los constructores de Puma Punku para mover y erigir estos bloques. Algunos creen que utilizaron rodillos de madera, pero la ausencia de árboles en la región y el peso de las piedras cuestionan la viabilidad de esta técnica. Otros sugieren el uso de plataformas de tierra y cuerdas, aunque no se ha encontrado evidencia concluyente. Esta incertidumbre ha dado lugar a teorías más especulativas, que hablan de conocimientos perdidos o incluso de tecnologías avanzadas, como la posibilidad de que utilizaran técnicas de flotación hidráulica en combinación con sistemas de rampas.

La precisión con la que los bloques fueron cortados y ensamblados es otro de los grandes misterios del sitio. Muchas de las piedras presentan cortes rectos, ángulos perfectos de 90 grados y ranuras tan finas que parecen haber sido realizadas con herramientas de alta precisión. En algunos bloques, se encuentran perforaciones perfectamente cilíndricas que atraviesan la piedra de lado a lado, algo que solo se explicaría con el uso de brocas o herramientas de perforación avanzadas. Sin embargo, no se han hallado restos de herramientas metálicas en el sitio, y las herramientas de piedra y cobre que se conocen de la época no habrían sido capaces de realizar estas proezas. Esta discrepancia ha llevado a algunos investigadores a especular sobre la existencia de técnicas sofisticadas de corte de piedra, tal vez usando abrasivos o una tecnología que hoy desconocemos.

El diseño arquitectónico de Puma Punku también desafía las nociones tradicionales sobre las construcciones prehispánicas. Muchos de los bloques tienen una forma característica en H, lo que ha llevado a los expertos a sugerir que formaban parte de un sistema modular de construcción, donde cada bloque se encajaba con otro de manera precisa. Esta técnica de ensamblaje, conocida como método de junta seca, no utilizaba mortero, sino que aprovechaba el peso y el ajuste perfecto de las piedras para mantener la estructura estable. Esta forma de construcción, rara en la arquitectura antigua, resalta el conocimiento avanzado de ingeniería de los habitantes de Tiwanaku y plantea preguntas sobre cómo adquirieron estas habilidades.

La finalidad del complejo de Puma Punku sigue siendo objeto de debate. Algunas hipótesis sugieren que el sitio era un centro ceremonial o un lugar de culto, donde se realizaban rituales religiosos y festividades para honrar a los dioses. Otras teorías, más recientes, han propuesto que podría haber funcionado como un observatorio astronómico, debido a la orientación precisa de algunos bloques y plataformas con respecto a los solsticios y equinoccios. Esta hipótesis está respaldada por el profundo conocimiento astronómico que se sabe tenían las culturas andinas, quienes utilizaban el movimiento de los astros para organizar sus calendarios agrícolas y ceremoniales.

Más allá de estas teorías académicas, Puma Punku ha sido un campo fértil para especulaciones y teorías alternativas. Los cortes precisos y la escala de los bloques han llevado a algunos a plantear la idea de que el sitio no fue construido únicamente por manos humanas. Los defensores de la hipótesis del antiguo contacto extraterrestre sugieren que los habitantes de Tiwanaku habrían recibido ayuda de visitantes de otro mundo, o al menos de una civilización avanzada perdida que poseía conocimientos superiores en ingeniería y tecnología. Estos teóricos señalan que la perfección geométrica y la falta de explicaciones sobre las técnicas de construcción son pruebas de que Puma Punku pudo haber sido parte de un esfuerzo de colaboración entre humanos y seres de otro origen.

Pese a lo intrigantes que resultan estas teorías, los arqueólogos han intentado explicar el sitio desde una perspectiva más conservadora, basándose en el conocimiento y la tradición de las culturas andinas. Se ha propuesto que los constructores de Puma Punku pudieron haber utilizado una combinación de técnicas avanzadas de talla de piedra y una organización social altamente estructurada para movilizar la mano de obra necesaria. Tiwanaku, en su apogeo, era una civilización compleja, con un sistema político y económico que le habría permitido realizar proyectos monumentales como este. No obstante, el hecho de que estas explicaciones sigan siendo, en gran parte, teóricas, demuestra que Puma Punku sigue siendo un desafío para la arqueología moderna.

El misterio de Puma Punku se ve reforzado por la ausencia de registros escritos de la cultura Tiwanaku. A diferencia de los incas, quienes dejaron crónicas y relatos orales que fueron documentados por los conquistadores españoles, la historia de Tiwanaku se perdió casi por completo tras el colapso de su civilización alrededor del siglo XI. Lo que queda hoy son sus impresionantes restos arqueológicos, que nos ofrecen vislumbres de su grandeza pero dejan muchas preguntas sin respuesta. Los bloques de piedra de Puma Punku, con sus formas imposibles y su disposición enigmática, son un recordatorio silencioso de una época en que los conocimientos antiguos alcanzaron alturas que aún hoy no podemos comprender del todo.

En la actualidad, Puma Punku forma parte del Patrimonio de la Humanidad y continúa atrayendo a turistas, investigadores y curiosos de todo el mundo. Los estudios científicos y arqueológicos en el sitio siguen en curso, con la esperanza de descubrir nuevos datos que puedan arrojar luz sobre su construcción y propósito. Mientras tanto, los bloques de Puma Punku permanecen, como guardianes de un conocimiento perdido, desafiando las explicaciones convencionales y alimentando el imaginario colectivo sobre civilizaciones antiguas y sus posibles vínculos con el cosmos y el pasado olvidado de la humanidad.

El extraño engranaje de Vladivostok

Medición del engranaje de ruso encontrado en Vladivostok. Fuente: Wikipedia

En las heladas costas del Lejano Oriente ruso, no muy lejos de la ciudad portuaria de Vladivostok, se encuentra un objeto que ha desconcertado a los investigadores y que ha capturado la imaginación de quienes buscan evidencias de un pasado tecnológicamente avanzado: el llamado "Engranaje de Vladivostok". Este artefacto, que parece un simple trozo de metal corroído a primera vista, podría ser, según algunos, una prueba tangible de que civilizaciones antiguas poseían conocimientos de ingeniería más avanzados de lo que hasta ahora creíamos posible. Sin embargo, su verdadero origen y propósito siguen envueltos en un misterio que desafía la lógica histórica.

El engranaje fue descubierto en 2013, cuando un grupo de

coleccionistas de fósiles, mientras exploraban una zona rocosa cercana a Vladivostok, desenterró lo que parecía ser una roca con una formación metálica extraña incrustada en su interior. Tras una inspección más detallada, se dieron cuenta de que la forma metálica se asemejaba a un pequeño engranaje dentado, con bordes uniformes y una estructura similar a las piezas que se encuentran en los mecanismos modernos. Este hallazgo, que a simple vista podría parecer mundano, se convirtió en un fenómeno viral, alimentando teorías sobre su posible origen y despertando el interés de científicos y entusiastas de los OOPARTs.

Uno de los aspectos más intrigantes del engranaje es el contexto geológico en el que fue encontrado. La roca que lo contiene ha sido datada en aproximadamente 400 millones de años, perteneciendo al período Devónico, una época en la que la vida compleja apenas comenzaba a colonizar la tierra firme y los dinosaurios aún no existían. Si esta datación es correcta, implica que el engranaje fue creado mucho antes de la aparición de los humanos modernos, lo que plantea una paradoja temporal: ¿cómo pudo un objeto con claras señales de manufactura mecánica terminar en una roca de tal antigüedad? Esta cuestión ha llevado a algunos a especular que el engranaje es una prueba de la existencia de civilizaciones tecnológicamente avanzadas que habrían habitado la Tierra mucho antes de lo que sugiere la historia convencional.

El artefacto en sí tiene un diámetro aproximado de 2 centímetros y cuenta con dientes simétricos y regulares, lo que sugiere que formó parte de un mecanismo más complejo. Los análisis preliminares han indicado que el material del que está compuesto es una aleación de aluminio y magnesio, algo sorprendente, ya que el aluminio no existe en forma pura en la naturaleza y debe ser extraído mediante un proceso industrial. Esta composición ha llevado a los investigadores a cuestionarse si el engranaje podría ser un fragmento de una máquina antigua, creada por una cultura tecnológicamente avanzada de la que no tenemos registros.

Sin embargo, otros científicos han propuesto explicaciones más convencionales. Algunos sugieren que el objeto podría ser un ejemplo de pseudofósil, es decir, una formación geológica que se asemeja a un artefacto creado por el hombre pero que en realidad es producto de procesos naturales. Según esta teoría, los minerales podrían haberse cristalizado de forma inusual, creando una estructura que se asemeja a un engranaje. No obstante, la forma tan precisa y los detalles regulares de los dientes parecen desafiar esta hipótesis, especialmente porque los pseudofósiles suelen ser irregulares y carecen de la simetría que presenta el objeto de Vladivostok.

Otra teoría sostiene que el engranaje podría ser un ejemplo de contaminación moderna, es decir, un fragmento de una máquina contemporánea que, de alguna manera, terminó incrustado en una roca antigua debido a un proceso desconocido. Sin embargo, esta explicación no ha convencido a todos los expertos, ya que no se han encontrado signos de fractura o inserción reciente en la roca, y el artefacto parece estar integrado en el material rocoso, lo que sugiere que se formó junto a la piedra hace millones de años.

Para los teóricos de los antiguos astronautas, el engranaje de Vladivostok es una prueba irrefutable de contacto extraterrestre. Según esta interpretación, el artefacto podría ser un fragmento de una máquina avanzada, dejada atrás por visitantes de otros mundos que exploraron la Tierra en tiempos remotos. Esta hipótesis ha ganado popularidad entre quienes creen que los relatos mitológicos y los textos antiguos describen encuentros con seres de otros planetas, que habrían compartido su tecnología con las civilizaciones humanas primigenias.

Los defensores de esta teoría señalan que el diseño del engranaje es demasiado preciso para ser natural. Argumentan que, si bien los humanos no habrían desarrollado esta tecnología hasta hace unos pocos siglos, una civilización avanzada o extraterrestre podría haber utilizado mecanismos complejos hace millones de años. Además, la presencia de aluminio en la aleación parece reforzar la idea de que el objeto fue fabricado, ya que este metal no se encuentra en la naturaleza en su forma pura y requiere procesos avanzados para su producción.

A pesar del interés y las teorías en torno al engranaje, el acceso al artefacto ha sido limitado. Los intentos de someterlo a análisis más detallados han enfrentado obstáculos, y algunos han señalado la posibilidad de que existan intereses en ocultar o minimizar su importancia, especialmente si el objeto contradice las narrativas aceptadas sobre la historia de la humanidad. La falta de estudios científicos concluyentes ha dejado espacio para la especulación y ha alimentado la creencia de que el engranaje podría ser parte de una máquina perdida, enterrada en la prehistoria y olvidada con el paso de las eras.

A medida que el debate continúa, el engranaje de Vladivostok permanece como un símbolo del misterio que rodea a los llamados OOPARTs. ¿Podría ser simplemente una curiosidad geológica, un vestigio de la era industrial reciente que terminó mezclándose accidentalmente con rocas antiguas? ¿O es realmente una pieza de un artefacto ancestral, una prueba de que la historia de la tecnología humana es mucho más antigua y compleja de lo que jamás hubiéramos imaginado? Hasta que se realicen estudios más exhaustivos, el engranaje seguirá siendo un enigma, un rompecabezas cuyos bordes apenas podemos vislumbrar, pero que promete desafiar nuestras concepciones del pasado.

La máquina de coser de madera de Chichen Itzá

Interpretación artística idealizada del objeto. Fuente: Guillermo Lineros

En el corazón de la península de Yucatán, donde se yerguen las majestuosas ruinas de Chichen Itzá, una reliquia misteriosa y desconcertante ha cautivado a arqueólogos y entusiastas de los OOPARTs durante décadas. Se trata de un objeto conocido como la máquina de coser de madera de Chichen Itzá, un artefacto que, a primera vista, parece fuera de lugar y de tiempo en el contexto de la civilización maya clásica. Aunque las historias sobre este extraño hallazgo han sido objeto de controversia y escepticismo, los testimonios sobre su existencia persisten, y su posible origen plantea preguntas fascinantes sobre la tecnología y el ingenio de los antiguos habitantes de la región.

El relato de la máquina de coser de madera comienza en la década de 1920, cuando un grupo de exploradores y arqueólogos estadounidenses, liderados por Edward Thompson, excavaba en la zona conocida como el Cenote Sagrado. Este cenote, considerado un lugar de sacrificio y ofrendas para los dioses mayas, ha revelado numerosos objetos antiguos, desde joyas de jade hasta armas y vasijas de cerámica. Sin embargo, en una de las inmersiones, uno de los buceadores afirmó haber encontrado un artefacto extraño, una pieza de madera con una forma que recordaba a una rudimentaria máquina de coser, algo que no debería haber existido en la época precolombina.

Según las descripciones, el objeto medía aproximadamente 40 centímetros de largo y estaba tallado con gran precisión. Aunque el paso del tiempo había desgastado su superficie, se podían distinguir varios componentes móviles, lo que sugería un mecanismo articulado. La madera, presumiblemente de una especie local resistente al agua, parecía haber sido tratada de alguna manera para resistir la descomposición, lo cual resultó sorprendente para los expertos. El diseño de la máquina mostraba similitudes con los primeros modelos de máquinas de coser del siglo XIX, aunque su estilo artesanal y los patrones tallados recordaban al arte maya.

A pesar del interés inicial, el objeto desapareció misteriosamente durante el transporte a un museo en Estados Unidos, lo que ha alimentado aún más las teorías sobre su origen y propósito. Algunos sostienen que el artefacto nunca existió realmente y que se trata de un fraude o una historia exagerada por los exploradores, ansiosos por encontrar algo extraordinario en sus investigaciones. Otros creen que el artefacto fue deliberadamente ocultado para evitar preguntas incómodas sobre la historia de la tecnología y el contacto entre civilizaciones.

Para los defensores de la autenticidad de la máquina de coser, existen varias explicaciones posibles. La primera teoría sugiere que podría tratarse de un artefacto traído por exploradores europeos en tiempos de la colonización. Sin embargo, esta hipótesis resulta problemática, ya que la cronología de la datación de los objetos encontrados en el mismo nivel sedimentario indica que fueron depositados allí mucho antes del contacto con los europeos. Además, la tecnología para fabricar máquinas de coser funcionales de este tipo no se desarrolló hasta el siglo XIX, varios siglos después de la desaparición de la civilización maya.

Otra explicación más audaz sostiene que el artefacto podría ser una prueba de contacto transoceánico previo a Colón, sugiriendo que comerciantes o navegantes de una civilización avanzada, tal vez de Asia o del mundo islámico, podrían haber traído la tecnología a las Américas mucho antes de lo que se reconoce oficialmente. Esta teoría se basa en la creencia de que existieron rutas comerciales globales desconocidas por la historia oficial, rutas que habrían facilitado el intercambio de tecnologías y conocimientos entre culturas distantes.

Un aspecto particularmente curioso del artefacto es la supuesta inscripción que presentaba en uno de sus lados, tallada en lo que parecía ser una mezcla de glifos mayas y símbolos que no han sido identificados hasta ahora. Algunos investigadores sugieren que estos símbolos podrían representar un intento de los mayas de adaptar su propio sistema de escritura para describir un objeto extraño traído de una tierra lejana. Si esto fuera cierto, indicaría que los mayas no solo conocieron esta tecnología, sino que trataron de integrarla o al menos entenderla, algo que desafía las nociones tradicionales sobre su nivel de desarrollo técnico.

Sin embargo, para los escépticos, la explicación más plausible sigue siendo que el objeto nunca fue más que una herramienta maya común, quizás una devanadera de hilo o un instrumento ritual, malinterpretado por los exploradores debido a su forma inusual y a su propia predisposición a encontrar objetos fuera de tiempo. El contexto del hallazgo, en el fondo de un cenote utilizado para ofrendas, sugiere que cualquier objeto depositado allí habría tenido un significado ritual, y no necesariamente una función práctica en el sentido tecnológico que se le atribuye.

A pesar de las dudas y las controversias, el mito de la máquina de coser de madera ha perdurado, alimentado por relatos anecdóticos y la falta de evidencia tangible. Hasta la fecha, no ha aparecido ninguna fotografía o registro claro del objeto, lo que ha llevado a muchos a catalogarlo como una leyenda urbana o un ejemplo de los llamados "falsos OOPARTs", objetos que nunca existieron realmente pero que se convierten en parte de la cultura popular debido a la fascinación por los enigmas históricos.

Para los teóricos de los antiguos astronautas y los defensores de teorías alternativas, la máquina de coser de Chichen Itzá es un símbolo del ingenio olvidado de las civilizaciones antiguas y una posible prueba de que el conocimiento tecnológico de la humanidad es mucho más antiguo y diverso de lo que la arqueología convencional está dispuesta a admitir. Según esta interpretación, el artefacto sería evidencia de una civilización perdida o de un contacto temprano con visitantes de otras partes del mundo, o incluso de otros mundos, que habrían dejado su huella en el desarrollo cultural de los mayas.

En última instancia, la máquina de coser de madera de Chichen Itzá representa un enigma que, como tantos otros OOPARTs, desafía nuestras concepciones del pasado. ¿Fue un ejemplo temprano de tecnología avanzada desarrollada independientemente por los mayas? ¿O es simplemente una curiosa coincidencia, una herramienta ritual malinterpretada en el contexto de nuestra propia modernidad? Hasta que surjan nuevas pruebas o se recupere el objeto original, la historia permanecerá envuelta en el manto del misterio, un recordatorio de lo poco que sabemos realmente sobre los alcances y límites del conocimiento humano a lo largo de la historia.

La campana de West Virginia

Campana de West Virginia, propiedad de la familia Anderson. Fuente: Wikipedia

La campana de West Virginia es uno de esos extraños objetos que parecen desafiar la cronología de la historia humana, una pieza que muchos han llegado a clasificar como un OOPArt, es decir, un artefacto fuera de lugar y tiempo. Su descubrimiento y las preguntas que plantea han llevado a especulaciones sobre civilizaciones antiguas avanzadas, teorías de contacto prehistórico y una profunda revisión de lo que creemos saber acerca de la historia tecnológica de la humanidad.

El hallazgo de la campana es fascinante. En 1944, en una tranquila granja de West Virginia, un niño llamado Newton Anderson decidió romper un trozo de carbón que estaba destinado a la chimenea familiar. Para sorpresa de todos, dentro del carbón, halló un pequeño objeto metálico. Al limpiarlo, se reveló una campanita, hecha de lo que parecía ser una mezcla de metales. Este descubrimiento se volvió inmediatamente desconcertante, pues el carbón proviene de depósitos que datan de hace 300 millones de años, una época mucho antes de que los seres humanos aparecieran en la Tierra.

La campana mide aproximadamente 12 centímetros de altura y presenta un diseño inusual. Está adornada con tallados y motivos que, a primera vista, recuerdan vagamente a los estilos de la antigua India o Mesopotamia, pero con detalles que parecen completamente ajenos a cualquier arte conocido. El asa de la campana está diseñada en forma de figura humana, con brazos extendidos hacia arriba, y la base presenta un trabajo intrincado que podría interpretarse como inscripciones o símbolos decorativos, aunque hasta ahora no se ha logrado descifrar su significado.

Lo más intrigante del objeto es su material. Análisis realizados en la década de 1960 indicaron que la campana estaba compuesta de una aleación de bronce que contenía metales como zinc, estaño, cobre y níquel. Esta mezcla específica de metales no es característica de ninguna cultura precolombina conocida en América del Norte, ni corresponde con el tipo de tecnología que se espera de civilizaciones que habrían existido hace tantos millones de años. Esto ha llevado a algunas personas a sugerir que la campana podría ser un remanente de una civilización perdida o un objeto traído de un lugar lejano.

Las teorías sobre la campana de West Virginia son variadas y fascinantes. Para algunos, es prueba de la existencia de una antigua cultura tecnológicamente avanzada que precedió a la nuestra por millones de años, una civilización que, por razones desconocidas, se extinguió sin dejar rastro. Esta hipótesis se encuentra a menudo vinculada con la teoría de los "antiguos astronautas", que postula que la humanidad ha sido visitada por seres de otros mundos que, en el pasado distante, pudieron haber dejado atrás artefactos como la campana.

Otra teoría sugiere que la campana podría haber sido dejada por viajeros temporales o incluso por una civilización avanzada que habitó la Tierra mucho antes de que los humanos evolucionaran. La presencia de una aleación metálica compleja, junto con el diseño tallado que parece deliberado, respalda la idea de que fue fabricada con una intención específica y por seres inteligentes, aunque su propósito original sigue siendo un misterio.

Por otro lado, los escépticos han ofrecido explicaciones más mundanas. Algunos sostienen que la campana pudo haber sido un objeto ritual de una cultura europea o asiática que se extravió en tiempos coloniales y, de alguna manera, terminó incrustado en el carbón durante procesos geológicos aún no comprendidos del todo. Esta explicación, aunque plausible, no aborda la aparente antigüedad del carbón que contenía la campana, lo que sigue siendo el punto más controvertido del hallazgo.

Algunos arqueólogos han sugerido que podría tratarse de un caso de contaminación geológica, es decir, que el objeto se infiltró en el carbón mucho después de su formación a causa de un deslizamiento de tierra o un evento similar. No obstante, esta teoría ha sido cuestionada debido a la compactación del carbón y la profundidad a la que se extrajo, lo que hace improbable una inserción reciente.

A pesar de la falta de consenso científico, la campana ha capturado la imaginación popular. Se ha convertido en una pieza destacada entre los OOPARTs, citada a menudo como evidencia de que existen enormes lagunas en nuestra comprensión del pasado remoto de la Tierra. Para los creyentes en teorías alternativas, la campana de West Virginia es un símbolo de que nuestra historia podría ser mucho más rica y complicada de lo que los libros de texto nos enseñan.

En términos de simbolismo, algunos investigadores creen que el diseño de la figura humana en el asa de la campana podría representar a un dios o deidad de una cultura perdida. La postura con los brazos levantados ha sido interpretada como una posición de alabanza o adoración, lo que ha llevado a especulaciones sobre su uso en rituales religiosos. ¿Podría esta campana haber sido parte de una ceremonia mística, destinada a invocar o agradecer a los dioses? ¿O es simplemente un objeto decorativo, sin ningún significado esotérico, fabricado por una civilización olvidada?

Lo cierto es que, sin un análisis más profundo y nuevas pruebas físicas, la verdadera historia de la campana de West Virginia sigue siendo un enigma. El objeto permanece en posesión de la familia Anderson, quienes han rechazado venderlo o permitir su estudio en laboratorios modernos, lo que ha limitado las oportunidades de comprender mejor su origen y propósito. Así, la campana sigue siendo un rompecabezas, un eco de un pasado desconocido que nos recuerda que, aunque creemos saber mucho sobre la historia de nuestro planeta, aún hay secretos enterrados en las profundidades que desafían nuestra comprensión.

La campana de West Virginia, al igual que otros OOPARTs, sigue siendo un punto de debate. Representa no solo un posible error en nuestra cronología aceptada, sino también una oportunidad para explorar nuevas preguntas sobre el origen de la tecnología y el ingenio humano. Es un recordatorio de que la arqueología aún tiene mucho por descubrir y que, en ocasiones, los hallazgos más pequeños pueden plantear las preguntas más grandes.

Las flautas de Neanderthal

Flauta tallada en hueso de oso. Fuente: Wikipedia

Las flautas de Neanderthal representan uno de los descubrimientos más fascinantes y debatidos en el campo de la arqueología prehistórica, pues cuestionan las concepciones establecidas sobre las capacidades cognitivas y artísticas de nuestros antepasados. El hallazgo de estos instrumentos, que se remontan a decenas de miles de años atrás, sugiere que los Neanderthales, a menudo retratados como seres primitivos y carentes de sofisticación, podrían haber poseído no solo habilidades manuales avanzadas, sino también un sentido del ritmo, la música y la expresión cultural.

El descubrimiento más famoso de estas flautas se produjo en 1995 en una cueva llamada Divje Babe, situada en lo que hoy es Eslovenia. Un equipo de arqueólogos desenterró lo que parecía ser un pequeño hueso con perforaciones. Al examinarlo más de cerca, se dieron cuenta de que no se trataba de un hueso cualquiera, sino de lo que parecía ser un instrumento musical prehistórico: una flauta tallada a partir del hueso de un fémur de oso de las cavernas. La datación por carbono de este hallazgo lo situó en un periodo que oscila entre los 50.000 y 60.000 años de antigüedad, una época en la que los humanos modernos aún no habían llegado a Europa, lo que implica que fue fabricada por los Neanderthales.

La flauta tiene cuatro orificios alineados, con tamaños y distancias que parecen estar calculados para producir notas específicas. Esto ha llevado a los investigadores a proponer que el objeto no es un mero accidente o el resultado de mordiscos de animales, sino una flauta intencionadamente fabricada para hacer música. Si esto es cierto, los Neanderthales habrían poseído no solo la destreza para crear un instrumento, sino también el sentido musical necesario para comprender el concepto de tonalidad y melodía. Es un testimonio de la capacidad intelectual de los Neanderthales que se asemeja a la de los humanos modernos, sugiriendo una vida cultural más rica y compleja de lo que se pensaba.

El análisis detallado del artefacto ha revelado patrones de desgaste que parecen consistentes con su uso como instrumento musical.

La presencia de marcas de corte en los bordes de los orificios sugiere que estos fueron creados mediante herramientas de piedra, lo que indica un proceso deliberado y una habilidad técnica notable. Además, al intentar replicar el sonido que la flauta podría haber producido, se encontró que los tonos generados encajan en la escala diatónica moderna, la misma que utilizamos hoy en día en la música occidental. Esto ha llevado a algunos a especular que la música, tal como la entendemos, podría tener raíces mucho más antiguas y universales de lo que se pensaba.

Sin embargo, la autenticidad de las flautas de Neanderthal como instrumentos musicales ha sido objeto de un debate encarnizado. Los escépticos han sugerido que los agujeros podrían haber sido causados por los colmillos de un depredador, como un lobo o un oso, que masticó el hueso. Según esta teoría, los orificios serían simples perforaciones accidentales y no el resultado de una actividad artística deliberada. Para contrarrestar esta crítica, los defensores del origen humano de la flauta han llevado a cabo experimentos que muestran que las perforaciones son demasiado regulares y precisas para ser el resultado de mordeduras aleatorias.

Además, estudios posteriores en otros yacimientos arqueológicos han revelado objetos similares, lo que sugiere que el hallazgo en Divje Babe no es un caso aislado. Se han encontrado fragmentos de huesos con perforaciones similares en otras partes de Europa y

Asia Central, lo que fortalece la hipótesis de que los Neanderthales podrían haber tenido una tradición musical compartida. Si esto es cierto, cambiaría radicalmente la visión de los Neanderthales como simples cazadores recolectores, presentándolos como seres con capacidad para la creación artística, capaces de comunicarse y de expresar emociones a través de la música.

El hallazgo de las flautas también ha abierto un diálogo sobre el propósito de la música en la prehistoria. La música, al igual que el arte rupestre, podría haber desempeñado un papel crucial en la cohesión social y en los rituales de los grupos Neanderthales. Quizás estas flautas se utilizaban en ceremonias religiosas, en rituales de caza, o simplemente como un medio para transmitir historias y emociones a través del sonido. La capacidad de crear música habría permitido a los Neanderthales expresar un rango de emociones complejas, desde la alegría hasta el duelo, fortaleciendo así los lazos comunitarios.

Desde un punto de vista simbólico, la existencia de instrumentos musicales entre los Neanderthales podría ser un indicador de un desarrollo cognitivo avanzado, comparable al de los humanos modernos. La música requiere una comprensión abstracta del ritmo, el tono y la armonía, habilidades que están vinculadas a un cerebro capaz de pensamiento complejo y de planificación a largo plazo. Esto implica que los Neanderthales no solo eran capaces de utilizar herramientas y cazar en grupo, sino que también tenían una vida cultural y espiritual rica, algo que hasta hace poco se creía exclusivo de los Homo sapiens.

La controversia en torno a las flautas de Neanderthal refleja, en parte, los prejuicios históricos hacia esta especie humana extinta. Durante mucho tiempo, los Neanderthales fueron vistos como una rama evolutiva inferior, un callejón sin salida en la historia de la humanidad. Sin embargo, descubrimientos como las flautas están ayudando a cambiar esta percepción, revelando a los Neanderthales como seres inteligentes y adaptables, con capacidades que rivalizan con las de los primeros humanos modernos.

En conclusión, las flautas de Neanderthal son mucho más que simples fragmentos de hueso perforados; son ventanas a un pasado lejano, donde nuestros antepasados podían haber compartido melodías alrededor de una fogata bajo el cielo estrellado, creando una música primitiva que resonó a través de los tiempos y que, de algún modo, se ha mantenido hasta nuestros días. La posibilidad de que estos homínidos tocaban música hace decenas de miles de años nos obliga a reconsiderar nuestra historia y a reconocer la profunda humanidad que compartimos con ellos. A través de estas flautas, podemos imaginar una conexión atemporal con aquellos que vivieron mucho antes que nosotros, una melodía perdida que, aunque ya no podemos escuchar, sigue resonando en el eco de nuestras propias expresiones artísticas y culturales.

3. Artefactos de Propósito Desconocido o Misterioso

Objetos cuyo uso o finalidad no se ha podido establecer.

La Calavera de Cristal de Mitchell-Hedges y otras calaveras de cristal

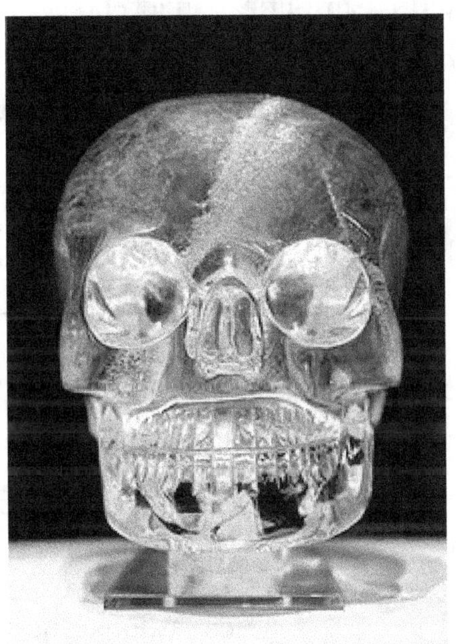

Calavera de cristal en el Museo Británico, similar a la de Mitchell-Hedges. Fuente: Wikipedia

Las calaveras de cristal representan uno de los enigmas más desconcertantes del mundo arqueológico, uniendo misterio, misticismo y especulación en torno a estas fascinantes esculturas talladas en cuarzo. Entre todas, la Calavera de Cristal de Mitchell-Hedges es la más célebre, rodeada de historias increíbles, leyendas antiguas y debates que han perdurado durante décadas. A lo largo de los años, estas calaveras han sido objeto de teorías que las conectan con civilizaciones perdidas, tecnología avanzada e incluso contacto extraterrestre. La fascinación por estas enigmáticas piezas ha calado tanto en la cultura popular que incluso Hollywood, a través de películas como *Indiana Jones y el Reino de la Calavera de Cristal*, ha contribuido a amplificar su leyenda.

La historia de la Calavera de Cristal de Mitchell-Hedges comienza en 1924, cuando Anna Mitchell-Hedges, hija adoptiva del aventurero y arqueólogo británico Frederick Albert Mitchell-Hedges, afirmó haber encontrado la calavera en las ruinas de Lubaantun, una antigua ciudad maya ubicada en Belice. Según el relato de Anna, la calavera, de tamaño natural y tallada en cuarzo transparente, estaba enterrada bajo un altar de piedra, y fue descubierta durante una expedición en busca de restos de civilizaciones antiguas. Sin embargo, este relato ha sido cuestionado con el tiempo, y muchos dudan de su veracidad, pues no existen registros arqueológicos oficiales de su hallazgo en ese sitio. De hecho, se ha sugerido que Frederick Mitchell-Hedges pudo haber adquirido la calavera en una subasta de Sotheby's en la década de 1940, lo que plantea dudas sobre su verdadero origen.

La Calavera de Cristal de Mitchell-Hedges es una obra maestra de artesanía, independientemente de su procedencia. Tallada con una precisión increíble, el cráneo muestra detalles anatómicos notables, incluidos dientes y cavidades oculares, y parece haber sido esculpida a partir de un solo bloque de cuarzo transparente. Lo más sorprendente es que no muestra signos evidentes de herramientas modernas en su fabricación, lo que ha llevado a algunos investigadores a plantear la teoría de que fue creada utilizando una tecnología que, según los conocimientos convencionales, no estaba disponible para las civilizaciones antiguas. Las estimaciones tradicionales sugieren que, si se hubiera tallado manualmente, el proceso podría haber llevado cientos de años, debido a la dureza del material y la precisión necesaria.

Las calaveras de cristal no se limitan a la de Mitchell-Hedges; existen al menos una docena de calaveras conocidas, cada una con características y orígenes distintos. Entre las más destacadas se encuentran la Calavera de París, que actualmente se exhibe en el Museo del Hombre en Francia; la Calavera Británica, ubicada en el Museo Británico; y la Calavera Smithsonian, que forma parte de la colección del Instituto Smithsonian en Estados Unidos. Cada una de estas piezas ha sido objeto de estudios que intentan desentrañar su autenticidad y propósito, con resultados variados y a menudo contradictorios.

Las leyendas en torno a las calaveras de cristal están profundamente enraizadas en las creencias de antiguas culturas mesoamericanas, especialmente los mayas y los aztecas. Según estas historias, las calaveras poseían poderes místicos y eran utilizadas en rituales religiosos, sirviendo como portales hacia el mundo espiritual o como herramientas para adivinación. Más allá del folclore local, surgió una teoría más amplia y esotérica conocida como la *Teoría de las Trece Calaveras de Cristal*. Según esta creencia, existen trece calaveras en el mundo, cada una con un conocimiento secreto sobre el universo y la humanidad. Se dice que cuando estas calaveras sean reunidas, revelarán verdades ocultas sobre la historia de la Tierra y el destino de la humanidad, ayudando a evitar un desastre global.

Esta teoría ha sido popularizada en parte por la película *Indiana Jones y el Reino de la Calavera de Cristal* (2008), dirigida por Steven Spielberg. En la trama, Indiana Jones sigue las pistas de una misteriosa calavera de cristal que parece tener origen extraterrestre y posee un poder sobrenatural capaz de influir en la mente humana. La película explora la idea de que estas calaveras fueron regalos de visitantes de otro mundo, una teoría que también ha sido respaldada por algunos defensores de la hipótesis de los antiguos astronautas. Según esta hipótesis, las calaveras de cristal fueron creadas con la ayuda de tecnología extraterrestre y entregadas a las civilizaciones antiguas como reliquias de sabiduría.

Los estudios científicos sobre las calaveras de cristal han generado controversia y desacuerdo. En la década de 1990, análisis realizados por el Museo Británico y el Instituto Smithsonian concluyeron que las marcas microscópicas en las calaveras sugerían el uso de herramientas modernas, como ruedas de diamante, para su creación. Esto indicaría que las calaveras podrían ser falsificaciones elaboradas durante el siglo XIX, cuando el interés por las antigüedades mesoamericanas estaba en su apogeo. Sin embargo, los defensores de la autenticidad de las calaveras han desestimado estos estudios, argumentando que las técnicas analíticas no son concluyentes y que los investigadores podrían estar sesgados por su escepticismo.

El enigma de las calaveras de cristal no se limita a su posible autenticidad o a su creación; también se extiende a su propósito. ¿Eran meros objetos decorativos? ¿Instrumentos de poder ritualístico? ¿O acaso sirvieron como dispositivos de almacenamiento de información, similares a los actuales cristales de memoria, con conocimiento codificado más allá de nuestra comprensión? Algunos creen que estas calaveras podrían haber sido usadas como herramientas de sanación o como focos de energía espiritual, aprovechando las propiedades piezoeléctricas del cuarzo para amplificar las vibraciones y resonancias durante los rituales.

En última instancia, las calaveras de cristal siguen siendo un símbolo de misterio y fascinación, un puente entre el pasado y las teorías más especulativas sobre nuestro lugar en el cosmos. Ya sea que representen artefactos rituales, falsificaciones hábilmente realizadas o vestigios de una tecnología perdida o extraterrestre, estas calaveras capturan nuestra imaginación, desafiando lo que creemos saber sobre la historia y las capacidades de las antiguas civilizaciones. A medida que la ciencia avanza y nuevos métodos de análisis emergen, quizás algún día logremos desentrañar los secretos de estas enigmáticas esculturas, pero hasta entonces, las calaveras de cristal permanecerán como uno de los enigmas más perdurables y evocadores de la arqueología mundial.

El disco de Festo

Disco de Festo. Fuente: Wikipedia

El *Disco de Festo*, encontrado en el palacio minoico de Festo en la isla de Creta, es uno de los objetos arqueológicos más intrigantes y enigmáticos del mundo antiguo. Este artefacto, hecho de arcilla cocida, presenta inscripciones que han desconcertado a los arqueólogos e investigadores desde su descubrimiento en 1908. Su origen, significado y propósito siguen envueltos en misterio, y aunque se han propuesto muchas teorías, aún no existe un consenso definitivo sobre su interpretación. El *Disco de Festo* es una pieza clave dentro de la historia de la escritura y representa uno de los ejemplos más claros de un artefacto que desafía las categorías convencionales del conocimiento arqueológico.

El arqueólogo italiano Luigi Pernier fue quien descubrió el disco durante una excavación en el sitio arqueológico de Festo, uno de los centros palaciegos más importantes de la civilización minoica. El disco, que data aproximadamente del 1700 a.C., tiene un diámetro de unos 16 centímetros y está cubierto por una serie de símbolos impresos en espiral en ambas caras. Estos símbolos parecen haber sido estampados con sellos antes de cocer la arcilla, lo que sugiere un proceso de fabricación único y muy elaborado para la época. Hasta la fecha, se han contado 241 símbolos divididos en 61 grupos o secciones, con un total de 45 símbolos distintos, que incluyen figuras humanas, animales, plantas y herramientas.

El aspecto más desconcertante del *Disco de Festo* es su escritura, que no se asemeja a ningún sistema conocido de la época, como la escritura lineal A o la escritura jeroglífica egipcia. Los símbolos parecen ser únicos, y hasta el día de hoy no se ha descifrado un significado claro. Esta falta de conexión con otros sistemas escritos ha llevado a algunos a teorizar que el disco representa un lenguaje o una escritura aislada, utilizada brevemente por una pequeña comunidad o creada específicamente para un propósito ritual. La forma en espiral de las inscripciones sugiere que el texto debe leerse desde el borde exterior hacia el centro, pero el sentido de la lectura, así como el contenido del mensaje, siguen siendo un enigma.

Los intentos de descifrar el *Disco de Festo* han sido numerosos y variados, con teorías que van desde textos religiosos y poéticos hasta calendarios o documentos administrativos. Algunos investigadores creen que podría tratarse de una oración o himno dedicado a una deidad minoica, mientras que otros han sugerido que el disco podría ser un objeto de enseñanza o incluso un juego. La complejidad de los símbolos y la falta de cualquier texto comparable han hecho que la interpretación del disco sea extremadamente difícil.

Una teoría interesante propone que el *Disco de Festo* es una suerte de proto-impresora antigua. El uso de sellos para crear los símbolos implica que los minoicos poseían una forma de reproducción de texto, lo que lo convertiría en un precursor de la imprenta. Si esto fuera cierto, sería un indicio de un nivel de sofisticación técnica y cultural sorprendente para el periodo minoico. Sin embargo, debido a la singularidad del artefacto, no se han encontrado otros ejemplos similares que puedan confirmar esta hipótesis.

El misterio que rodea al *Disco de Festo* ha generado muchas teorías fuera del ámbito académico, incluidas ideas esotéricas y pseudocientíficas. Algunos han sugerido que el disco contiene un mensaje codificado de una civilización avanzada perdida, como la Atlántida, o incluso de visitantes extraterrestres. Estas teorías, aunque populares en la cultura alternativa, carecen de evidencia arqueológica o histórica, pero han contribuido al aura mística del artefacto.

En términos de datación, la mayoría de los expertos coinciden en que el disco pertenece al periodo minoico medio, alrededor del segundo milenio antes de Cristo. Sin embargo, determinar su propósito y el contexto exacto de su creación sigue siendo complicado, en parte porque fue hallado fuera de su contexto original, lo que limita las pistas disponibles para su interpretación. El hecho de que no se hayan descubierto otros discos similares en la región también añade incertidumbre, lo que sugiere que podría haber sido un objeto único, creado para un evento especial o ritual.

La singularidad del disco lo convierte en un artefacto difícil de clasificar dentro de las categorías tradicionales de la arqueología. Aunque muchos consideran que es un ejemplo temprano de escritura, otros lo interpretan como un artefacto ritual más que como un texto propiamente dicho. La ambigüedad de su propósito lo coloca en una zona gris entre artefacto religioso, herramienta administrativa y pieza ceremonial.

A lo largo de los años, ha habido muchos intentos de descifrar el contenido del disco utilizando diferentes métodos lingüísticos y tecnológicos. Algunos han tratado de compararlo con lenguas antiguas de Anatolia o el Egeo, mientras que otros han utilizado programas de computadora para identificar patrones en los símbolos. Pese a estos esfuerzos, el *Disco de Festo* sigue siendo un enigma, un artefacto que parece desafiar todas las expectativas sobre el desarrollo temprano de la escritura y la comunicación.

En conclusión, este enigmático objeto es mucho más que un simple artefacto arqueológico; es un símbolo del misterio y el asombro que aún rodea a las civilizaciones antiguas. A través de su complejidad, nos ofrece un vistazo a un mundo perdido y a una forma de comunicación que no logramos comprender por completo. Su presencia en el palacio de Festo, un sitio asociado con la sofisticación y el esplendor de la cultura minoica, sugiere que pudo haber sido creado para un propósito importante, aunque desconocido para nosotros. A medida que la tecnología avanza y se desarrollan nuevas herramientas de análisis, quizás algún día logremos desentrañar los secretos del *Disco de Festo*, revelando una pieza más del rompecabezas de la historia humana. Hasta entonces, este objeto seguirá siendo un recordatorio de cuánto nos queda por descubrir sobre las primeras culturas que habitaron nuestro mundo.

La cúpula de Hierro de Tula

Representación artística de la cúpula de hierro de Tula semienterrada. Fuente: Guillermo Lineros

La llamada *Cúpula de Hierro de Tula* es uno de los objetos arqueológicos más extraños y controvertidos encontrados en el centro de México. Ubicada en la zona arqueológica de Tula, un importante centro ceremonial de la civilización tolteca, esta estructura ha desconcertado a los investigadores desde que fue descubierta a finales del siglo XIX. La cúpula, una formación semicircular de metal que parece estar incrustada en la roca, presenta características tan insólitas que ha sido objeto de teorías que van desde la presencia de tecnologías avanzadas en la Mesoamérica precolombina hasta contactos con civilizaciones extraterrestres. Pero, ¿qué sabemos realmente sobre este misterioso artefacto?

La cúpula fue encontrada durante las primeras excavaciones oficiales de Tula, lideradas por arqueólogos mexicanos y europeos que buscaban desenterrar los restos de la gran ciudad tolteca. Lo que hallaron fue una estructura que no encajaba con nada conocido en la región: una superficie curva y lisa, hecha de un material oscuro y metálico, con una forma que parecía diseñada con precisión. La estructura mide unos dos metros de diámetro y tiene una apariencia oxidada, aunque se ha conservado notablemente bien a lo largo del tiempo. Su forma de cúpula y su composición metálica han llevado a muchos a especular sobre su propósito y origen.

A simple vista, el objeto parece ser una obra de ingeniería intencionada, con su superficie lisa y curva perfecta, lo que ha llevado a algunos a proponer que podría haber sido parte de un techo o una estructura mayor. Sin embargo, lo más desconcertante es el material del que está hecha. Los análisis preliminares realizados en el siglo XX indicaban que la cúpula está compuesta por una aleación de hierro y níquel, algo extremadamente raro para la época precolombina, ya que no se tiene evidencia de que las civilizaciones de Mesoamérica trabajaran con hierro en esa escala. Además, la presencia de níquel en la aleación sugiere una tecnología sofisticada que no se había desarrollado en esta parte del mundo hasta la llegada de los colonizadores europeos.

Esto ha dado lugar a una serie de teorías sobre el origen de la cúpula. Una de las hipótesis más extendidas sugiere que podría haber sido un artefacto traído por comerciantes de otras partes del mundo, como los vikingos o exploradores chinos, quienes podrían haber llegado a América antes de la época de Cristóbal Colón. Sin embargo, estas teorías no tienen suficiente respaldo arqueológico y siguen siendo especulaciones sin pruebas claras. Otros investigadores sugieren que la cúpula podría ser un meteorito parcialmente enterrado, ya que la aleación de hierro y níquel es común en ciertos tipos de meteoritos. Esta explicación podría ser plausible, pero no explicaría la forma perfectamente curva y el acabado liso de la estructura.

La teoría más controvertida, y ciertamente la más sensacionalista, es la que postula que la *Cúpula de Hierro de Tula* podría ser un remanente de una tecnología avanzada desconocida o incluso de origen extraterrestre. Los defensores de esta idea apuntan a la similitud de la cúpula con otras estructuras enigmáticas encontradas en diferentes partes del mundo, como las esferas de metal en Sudáfrica o los discos de Bayan Kara Ula en China, que también presentan características metalúrgicas inexplicables para sus contextos históricos. Además, se ha sugerido que la cúpula podría haber servido como parte de un dispositivo energético o un mecanismo de navegación, teorías que encuentran eco en los relatos de las antiguas civilizaciones toltecas sobre objetos sagrados traídos por dioses del cielo.

Por otro lado, los arqueólogos más escépticos creen que la cúpula podría ser simplemente un caso de mala interpretación arqueológica. Según esta perspectiva, la estructura podría ser un artefacto colonial, dejado por los primeros exploradores europeos que intentaron excavar la zona en busca de tesoros. Esta hipótesis, sin embargo, no explica por qué no se han encontrado registros históricos que mencionen un objeto de tal singularidad ni el hecho de que la cúpula parece estar integrada en el lecho de roca, lo que indicaría una antigüedad mucho mayor.

Otro aspecto curioso de este oopart es su contexto arqueológico. Fue hallada cerca de la *Pirámide de Tlahuizcalpantecuhtli*, un templo dedicado al dios tolteca de la estrella matutina, Quetzalcóatl, quien era venerado como un portador de conocimiento y tecnología. Algunos creen que la cúpula pudo haber sido considerada un objeto sagrado y que su presencia en el sitio está ligada a los rituales de adoración al dios. De ser cierto, esto sugeriría que los toltecas encontraron el objeto y lo incorporaron a su cultura como un símbolo de poder o divinidad.

En la actualidad, el acceso a la cúpula está restringido debido a su ubicación en una zona protegida del yacimiento arqueológico. Los intentos de realizar más estudios han sido limitados, en parte debido a la falta de fondos y en parte debido a la polémica que rodea al objeto. No obstante, se han realizado algunas pruebas adicionales utilizando tecnología de escaneo por radar y análisis de metales modernos. Los resultados preliminares parecen confirmar que la estructura es más antigua de lo que se pensaba originalmente y que su origen sigue siendo un enigma.

En conclusión, la *Cúpula de Hierro de Tula* continúa siendo un desafío para la arqueología moderna. Su existencia plantea preguntas sobre el conocimiento metalúrgico de las civilizaciones precolombinas y abre la puerta a debates sobre la posibilidad de contactos transoceánicos anteriores a la llegada de los europeos. Sea cual sea la verdad, este misterioso artefacto permanece como un testimonio mudo de un pasado que aún no hemos logrado comprender por completo, y su historia sigue alimentando tanto la curiosidad científica como las teorías más audaces sobre los antiguos habitantes de América.

La máscara de Sanxingdui

Máscara de Sanxingdui, en China. Fuente: Wikipedia

La *máscara de Sanxingdui* es uno de los hallazgos más fascinantes y enigmáticos de la antigua China, un artefacto que ha desconcertado a arqueólogos e historiadores desde su descubrimiento a principios del siglo XX. Proveniente del sitio arqueológico de Sanxingdui, en la provincia de Sichuan, esta máscara de bronce es solo uno de los muchos tesoros desenterrados en un complejo que data de hace más de 3,000 años. La máscara, con su expresión peculiar y rasgos que no parecen corresponder a las características físicas de la población china de la época, ha sido objeto de intensos estudios y especulaciones, alimentando teorías que van desde civilizaciones perdidas hasta conexiones con culturas más allá de Asia.

Sanxingdui es un sitio arqueológico que se remonta a la antigua cultura Shu, una civilización que floreció en el suroeste de China y de la que se sabía poco antes de los descubrimientos realizados en la década de 1920. La máscara de bronce es uno de los artefactos más icónicos encontrados en las fosas de sacrificio del yacimiento. Este objeto, que mide aproximadamente 1 metro de ancho, presenta ojos exageradamente grandes y salientes, un rostro anguloso y orejas prominentes, detalles que no se parecen a las representaciones humanas típicas de otras culturas chinas contemporáneas, como la dinastía Shang. Estas características extrañas han llevado a muchos a preguntarse sobre el propósito y el origen de la máscara, así como sobre la naturaleza de quienes la crearon.

El proceso de creación de la *máscara de Sanxingdui* es también un misterio. El artefacto está hecho de una aleación de bronce, resultado de una técnica de fundición sofisticada que demuestra un conocimiento avanzado de la metalurgia para la época. El bronce usado tiene una alta pureza, y el acabado pulido sugiere una habilidad técnica impresionante. Esto ha llevado a algunos investigadores a sugerir que los artesanos de Sanxingdui poseían conocimientos metalúrgicos que superaban los de otras civilizaciones contemporáneas de la región. Además, se han encontrado rastros de pintura y incrustaciones de jade, lo que indica que la máscara alguna vez estuvo decorada de forma elaborada, probablemente para uso ceremonial.

Una de las preguntas más intrigantes sobre la máscara es su propósito. Los arqueólogos creen que no estaba destinada a ser usada como una máscara ceremonial convencional debido a su gran tamaño y peso, lo que la habría hecho impráctica para llevar puesta. Más bien, se sugiere que podría haber sido colocada sobre una estatua o usada como una figura de culto en un altar. Esto concuerda con las teorías sobre la naturaleza religiosa de los objetos encontrados en Sanxingdui, muchos de los cuales parecen estar relacionados con rituales de sacrificio y adoración a deidades o espíritus.

Los rasgos de la máscara, particularmente los ojos almendrados y sobresalientes, han llevado a algunos estudiosos a especular que los artesanos de Sanxingdui estaban representando a seres sobrenaturales o divinos. Según las leyendas locales, los ojos grandes y las facciones exageradas simbolizan la capacidad de ver más allá del mundo físico, una representación de seres con poderes visionarios o incluso deidades. Sin embargo, otros teóricos han propuesto ideas más extravagantes, sugiriendo que los rasgos alienígenas de la máscara podrían ser evidencia de contacto con civilizaciones no humanas. Esta hipótesis ha sido alimentada por la similitud de la máscara con algunas representaciones de "alienígenas" que se ven en otras partes del mundo, aunque esta interpretación carece de respaldo científico sólido.

El descubrimiento de la máscara de Sanxingdui ha reescrito gran parte de lo que se conocía sobre la historia de la antigua China. Antes de este hallazgo, se creía que la civilización china había evolucionado principalmente a lo largo del valle del río Amarillo, con la dinastía Shang como la cultura predominante. Sin embargo, los hallazgos en Sanxingdui muestran que la cultura Shu, una civilización completamente diferente y desconocida hasta ese momento, tenía un nivel de sofisticación que rivalizaba con la de la dinastía Shang. Esto sugiere que la antigua China fue mucho más diversa culturalmente de lo que se pensaba anteriormente, con múltiples civilizaciones avanzadas coexistiendo y posiblemente interactuando entre sí.

La máscara también ha inspirado numerosas teorías sobre el contacto transcontinental en la prehistoria. Algunos han notado similitudes entre los rasgos estilizados de la máscara de Sanxingdui y las figuras de otros sitios antiguos en América del Sur y el Mediterráneo, lo que ha llevado a especulaciones sobre un posible intercambio cultural o migraciones a gran escala que aún no comprendemos. Sin embargo, estas teorías son altamente especulativas y no han sido aceptadas por la mayoría de la comunidad académica, que sigue investigando el fenómeno dentro del contexto de la historia asiática.

El redescubrimiento de Sanxingdui en los últimos años ha impulsado nuevas investigaciones utilizando tecnología moderna, como el escaneo 3D y el análisis de isótopos, para entender mejor el origen y el uso de los artefactos. Los estudios recientes han sugerido que la máscara pudo haber estado asociada con prácticas religiosas centradas en el culto al sol, una teoría respaldada por la orientación astronómica de algunas de las estructuras encontradas en el sitio.

En la cultura popular, la máscara de Sanxingdui ha capturado la imaginación de escritores y cineastas. Ha sido objeto de documentales y exposiciones internacionales, donde se la ha presentado como uno de los grandes misterios de la arqueología. A pesar de los numerosos estudios y teorías, la máscara de Sanxingdui sigue siendo un enigma, un recordatorio del vasto conocimiento perdido de las antiguas civilizaciones de Asia y un símbolo de las preguntas sin respuesta que aún existen sobre nuestro pasado compartido.

En definitiva, la *máscara de Sanxingdui* representa un punto de inflexión en nuestra comprensión de la historia antigua de China. Es un artefacto que desafía las ideas preconcebidas sobre la tecnología y las prácticas culturales de la época, y su misterio permanece tan profundo como cuando fue descubierto por primera vez. Al mirarla, uno no puede evitar sentir que está frente a algo que trasciende el tiempo y la cultura, una reliquia de un mundo perdido cuyas historias aún están por ser contadas.

Las piedras de Pokotia

Inscripciones e ídolo de Pokotia. Fuente: Wikipedia

Las *Piedras de Pokotia*, también conocidas como la "Estatua de Pokotia" o el "Ídolo de Pokotia", son un conjunto de artefactos arqueológicos que han sido objeto de controversia y fascinación en la comunidad científica y el público en general. El hallazgo tuvo lugar cerca del lago Titicaca, en la región de Pokotia, Bolivia, una zona rica en historia y conocida por sus sitios arqueológicos precolombinos. Estos objetos han capturado la atención debido a las inscripciones que contienen, las cuales parecen desafiar el conocimiento establecido sobre las capacidades lingüísticas y la historia escrita de las antiguas culturas sudamericanas.

La más notable de estas piedras es una estatua de aspecto antropomorfo, tallada en piedra caliza, con una altura aproximada de 1.5 metros. Su apariencia es algo tosca, con un cuerpo robusto, sin detalles faciales demasiado refinados, pero con un diseño que sugiere una figura humana en posición de sentado o arrodillado. La estatua presenta inscripciones talladas tanto en su parte frontal como en la posterior, lo que ha sido el centro de las especulaciones y debates entre los investigadores. Estas inscripciones han sido interpretadas como posibles textos antiguos, escritos en un idioma desconocido o en un sistema de escritura no identificado previamente.

El interés por las *Piedras de Pokotia* aumentó considerablemente tras el análisis de varios investigadores, incluyendo a epigrafistas y arqueólogos aficionados, quienes sugirieron que las inscripciones podrían ser evidencia de una escritura proto-sumeria. Esta teoría, aunque considerada controvertida, ha sido impulsada por expertos como el epigrafista Clyde Winters, quien afirmó que las inscripciones mostraban similitudes con textos cuneiformes encontrados en la antigua Mesopotamia. Según Winters, las inscripciones contenían palabras relacionadas con ofrendas religiosas y textos dedicados a deidades, lo que sugeriría una posible conexión cultural o influencia entre las civilizaciones de Oriente Medio y las antiguas culturas sudamericanas.

Esta hipótesis de contacto transoceánico entre civilizaciones separadas por miles de kilómetros y miles de años ha sido recibida con escepticismo por la mayoría de los arqueólogos. Sin embargo, no ha impedido que se continúen realizando estudios en la estatua y otras piedras asociadas a este hallazgo. Los defensores de la teoría del contacto cultural argumentan que la similitud de ciertos símbolos y formas de escritura podría indicar una migración temprana de pueblos sumerios o influencias culturales a través de rutas marítimas desconocidas. Este tipo de teorías recuerda a otros debates sobre la posible conexión entre Egipto y América del Sur, o las similitudes entre ciertas construcciones megalíticas a ambos lados del Atlántico.

Aparte de la cuestión de las inscripciones, la propia estatua y el lugar donde fue encontrada plantean preguntas interesantes sobre el contexto cultural del artefacto. La región de Pokotia, ubicada cerca de la antigua ciudad de Tiahuanaco (o Tiwanaku), fue hogar de una civilización avanzada que floreció hace más de mil años. Tiahuanaco es conocido por su impresionante arquitectura de piedra, templos y monolitos, lo que sugiere una gran habilidad en la talla y construcción. Sin embargo, no se ha encontrado evidencia concreta de que los habitantes de esta civilización desarrollaran un sistema de escritura formal. Esto convierte a las inscripciones de las *Piedras de Pokotia* en un enigma aún mayor, ya que, de ser auténticas, cambiarían nuestra comprensión de las capacidades culturales y tecnológicas de los antiguos pueblos andinos.

Los detractores de las interpretaciones epigráficas argumentan que las marcas en la estatua podrían ser simplemente decorativas o resultado de procesos naturales de erosión, y que la similitud con los símbolos sumerios es pura coincidencia. Además, se ha señalado que los métodos de análisis utilizados por algunos de los investigadores carecen del rigor científico necesario, y que no se han realizado estudios suficientes con técnicas modernas como el análisis espectrográfico o la datación precisa por radiocarbono de los sedimentos asociados al hallazgo.

El debate sobre las *Piedras de Pokotia* también se ha visto envuelto en teorías más esotéricas y pseudocientíficas. Algunos teóricos de la arqueología alternativa han sugerido que las inscripciones son prueba de la existencia de una civilización perdida de gran antigüedad, como la Atlántida o Mu, que habría influido en distintas partes del mundo antes de desaparecer sin dejar rastro. Estas ideas, aunque populares en ciertos círculos, no tienen respaldo en la evidencia arqueológica convencional y son generalmente desestimadas por la comunidad académica.

A pesar de las controversias y el escepticismo, el interés en las *Piedras de Pokotia* continúa, especialmente entre aquellos que buscan conexiones no convencionales en la historia de la humanidad. La estatua ha sido objeto de estudios de campo adicionales, y algunos investigadores esperan que futuros análisis con tecnología avanzada puedan arrojar nueva luz sobre el origen y el significado de las inscripciones. Mientras tanto, el artefacto sigue siendo una pieza intrigante dentro del catálogo de OOPARTs, esos objetos que parecen estar fuera de lugar o tiempo, y que desafían las explicaciones tradicionales.

La región de Pokotia, con su proximidad a Tiahuanaco, también sigue siendo un área de gran interés arqueológico. Los hallazgos en este sitio han contribuido a nuestra comprensión de las antiguas civilizaciones sudamericanas y sus logros en la ingeniería, la astronomía y la agricultura. Si se pudiera demostrar una escritura antigua en estas piedras, estaríamos ante una de las evidencias más significativas de un sistema de comunicación avanzado que precede a la llegada de los conquistadores europeos.

En última instancia, las *Piedras de Pokotia* son un recordatorio de lo poco que aún sabemos sobre la prehistoria de América del Sur y de las sorprendentes conexiones que podrían haberse dado entre culturas separadas por vastos océanos. Ya sea que las inscripciones resulten ser una simple coincidencia o una pieza clave de un rompecabezas aún más grande, estas piedras seguirán siendo objeto de fascinación y estudio, inspirando tanto a científicos como a exploradores en busca de respuestas a los antiguos misterios de nuestro pasado.

4. Artefactos Relacionados con el Contacto Extraterrestre

Artefactos que algunos han interpretado como indicios de contacto con civilizaciones de otros mundos.

Las Piedras Dropa: Un Legado de las Estrellas o un Mito Arqueológico?

Disco de piedra atribuido a los Dropa. Fuente: Wikipedia

En el año 1938, el arqueólogo chino Chi Pu Tei lideraba una expedición en las montañas de Bayan Kara-Ula, una región remota y prácticamente inaccesible en la frontera entre China y el Tíbet. El entorno era hostil, con picos nevados y barrancos escarpados que dificultaban cada paso. La expedición buscaba vestigios de antiguas culturas que pudieran haber habitado la región, pero lo que encontraron fue algo que ni el más imaginativo de los arqueólogos podría haber anticipado.

En una cueva profunda, cubierta de polvo y casi olvidada por el tiempo, el equipo de Chi Pu Tei se topó con un hallazgo desconcertante: restos esqueléticos diminutos, con cráneos alargados y cuerpos frágiles, diferentes de cualquier humano conocido. Estos esqueletos, de apenas un metro de altura, parecían pertenecer a una especie desconocida. Pero lo que realmente desconcertó al equipo fue un conjunto de piedras planas y circulares enterradas junto a los esqueletos.

Las piedras, que más tarde serían llamadas Piedras Dropa, eran discos de aproximadamente 30 centímetros de diámetro, con un orificio perfecto en el centro y surcos espirales que se extendían desde el centro hasta los bordes. A simple vista, estos surcos parecían decorativos, pero al examinarlos más de cerca, Chi Pu Tei descubrió algo asombroso: los surcos eran, en realidad, una escritura en espiral, grabada con una precisión sorprendente.

La escritura no se parecía a ninguna forma de lenguaje conocida, ni a los caracteres chinos antiguos ni a las inscripciones tibetanas. Esto dio lugar a una serie de preguntas que aún hoy no tienen respuestas claras. ¿Quiénes eran estas pequeñas figuras enterradas en la cueva? ¿Y qué mensaje contenían estas misteriosas piedras?

La datación de las piedras fue otro problema en sí mismo. No había evidencia directa que permitiera precisar su antigüedad, pero el desgaste de la superficie indicaba que podrían tener miles, si no decenas de miles, de años. Los esqueletos encontrados junto a las piedras parecían de una morfología completamente diferente a la de los seres humanos modernos o incluso de cualquier homínido conocido. La teoría inicial del equipo fue que los esqueletos pertenecían a una tribu humana desconocida, aislada en estas montañas remotas. Sin embargo, cuando se comenzó a descifrar el contenido de los discos, surgió una historia mucho más extraña.

Según la narrativa popular, años después del hallazgo, un equipo de investigadores dirigido por el profesor Tsum Um Nui se encargó de descifrar los caracteres grabados en los discos. El proceso fue arduo, ya que no existía un lenguaje comparable con el que se pudieran hacer analogías claras. Finalmente, tras muchos intentos, Tsum Um Nui hizo una afirmación sorprendente: las inscripciones contaban la historia de una raza de seres, los Dropa, que llegaron a la Tierra desde un planeta lejano.

El relato es fascinante y parece sacado de una obra de ciencia ficción. Los discos cuentan cómo los Dropa aterrizaron en la Tierra hace aproximadamente 12.000 años, tras un fallo en su nave espacial. La nave se estrelló en las montañas de Bayan Kara-Ula y, al no poder repararla, los Dropa se vieron obligados a adaptarse y vivir en la Tierra. La historia describe el conflicto inicial entre los

Dropa y las tribus locales, quienes, asustados por la apariencia diferente de los visitantes, los atacaron. Con el tiempo, sin embargo, ambas culturas comenzaron a convivir, y los Dropa dejaron estas piedras como un registro de su historia y sufrimiento.

A pesar de lo extraordinario de esta historia, la comunidad científica ha rechazado en gran medida estas afirmaciones. Muchos académicos dudan de la existencia misma de Tsum Um Nui, y algunos sugieren que la historia de la traducción de los discos es simplemente una invención. Sin embargo, los partidarios de la teoría de los antiguos astronautas han adoptado las Piedras Dropa como evidencia de visitas extraterrestres en la antigüedad. Según estos defensores, las piedras serían un testimonio antiguo de un contacto con una civilización de otro planeta, cuyo legado fue olvidado y absorbido por las leyendas locales.

El escepticismo científico se centra en varios puntos. Primero, no existen registros verificables de los discos en colecciones públicas o museos. Muchos investigadores han intentado localizar las piedras en museos chinos, pero sin éxito. En segundo lugar, no hay evidencia clara de la investigación de Tsum Um Nui, y su nombre no aparece en ninguna publicación académica oficial. Estos factores han llevado a muchos a clasificar la historia de las Piedras Dropa como un mito o una leyenda moderna.

No obstante, hay quienes sostienen que las piedras fueron

ocultadas deliberadamente. Según esta teoría, las autoridades chinas habrían confiscado los discos y silenciado cualquier investigación para evitar la controversia, especialmente en un momento de tensión política y social. Algunos testimonios de personas que aseguran haber visto las piedras describen su superficie como desgastada y antigua, con inscripciones que no se parecen a nada conocido en la arqueología convencional.

Otro elemento que añade complejidad al misterio es la existencia de leyendas locales entre las tribus de la región, los ham y los dropas, que hablan de una raza de "pequeños hombres amarillos" que llegaron de las estrellas. Estas leyendas, transmitidas oralmente durante siglos, podrían ser interpretadas como un eco lejano de un evento real. Sin embargo, los escépticos argumentan que estas historias podrían haber sido influenciadas por la narrativa moderna de los OOPARTs y la popularización de los mitos de los antiguos astronautas.

La controversia se avivó nuevamente en la década de 1970, cuando el investigador soviético Vyacheslav Saizev publicó un artículo en una revista científica donde afirmaba que algunas de las piedras habían sido analizadas y contenían trazas de cobalto y otros metales raros. Según Saizev, los análisis revelaban propiedades electromagnéticas inusuales, lo que podría indicar que las piedras no eran simplemente artefactos ceremoniales, sino dispositivos tecnológicos de algún tipo. Estos hallazgos fueron recibidos con escepticismo, y nunca se publicaron análisis detallados que pudieran ser revisados por otros científicos.

El enigma de las Piedras Dropa sigue siendo un tema abierto a interpretación. ¿Son un simple fraude arqueológico, una mezcla de leyendas y mitología moderna? ¿O son realmente evidencia de un contacto temprano con seres de otro mundo? La falta de evidencia tangible y la dificultad para acceder a los discos originales dificultan una conclusión definitiva. No obstante, las Piedras Dropa se han convertido en un símbolo de lo desconocido, un recordatorio de que aún hay mucho que desconocemos sobre nuestro pasado y sobre los posibles encuentros entre culturas antiguas y seres que no encajan en nuestra visión de la historia.

La posibilidad de que las piedras contengan información sobre una civilización extraterrestre ha inspirado no solo a investigadores de OOPARTs, sino también a escritores, cineastas y entusiastas de la ufología. Si las inscripciones fueran realmente descifradas de manera precisa, podrían proporcionar una de las pruebas más contundentes de la hipótesis de los antiguos astronautas.

El misterio de las Piedras Dropa, como tantos otros objetos fuera de lugar, nos invita a cuestionar la historia establecida y a explorar nuevas posibilidades. Tal vez nunca lleguemos a saber la verdad sobre su origen, pero mientras tanto, seguirán siendo un símbolo del enigma que rodea nuestro pasado, desafiando las fronteras del conocimiento humano y alimentando nuestra imaginación con historias de seres que vinieron de las estrellas y dejaron su huella en la Tierra, mucho antes de que la humanidad comenzara a escribir la suya propia.

La piedra de Dashka

Piedra del Sol. Fuente: Wikipedia

En el corazón de los montes Urales, cerca de la pequeña aldea de Chandar, Rusia, yace uno de los artefactos más desconcertantes de la historia moderna: la Piedra de Dashka, también conocida como el "Mapa del Creador". Descubierta en el año 1999 por el profesor Aleksandr Chuvyrov y su equipo, esta losa de piedra caliza de casi dos toneladas de peso ha sido objeto de asombro y debate desde su hallazgo. Lo que a primera vista parecía ser simplemente una roca grande, escondía en su superficie tallados complejos que, según los investigadores, representan un mapa tridimensional de una región específica de los Urales, pero con un nivel de detalle y precisión que desafía cualquier comprensión de las capacidades tecnológicas antiguas.

El nombre "Piedra de Dashka" se le otorgó en honor a la bisnieta del profesor Chuvyrov, Dashka, quien había nacido poco antes del hallazgo. Sin embargo, el verdadero enigma radica en la complejidad del grabado. La losa mide aproximadamente 1.5 metros de largo, 1 metro de ancho y tiene un grosor de 16 centímetros. Lo que llamó la atención de Chuvyrov fue la presencia de relieves, canales y estructuras que no parecían naturales. Una inspección más minuciosa reveló que los grabados representaban lo que parecían ser sistemas fluviales, canales artificiales y presas, dispuestos con una precisión milimétrica, similar a un mapa topográfico moderno.

Al comparar el grabado con mapas actuales, los investigadores identificaron elementos que correspondían a partes del territorio de los Urales, incluyendo los ríos Belaya y Ufimka. Sin embargo, lo más asombroso es que la piedra muestra una red de canales y embalses que no existen hoy en día. Estas estructuras, de confirmarse su existencia en tiempos antiguos, sugerirían una ingeniería avanzada capaz de modificar el paisaje a gran escala. La datación de la Piedra de Dashka, basada en análisis de estratigrafía y pruebas de laboratorio, la sitúa entre 120 y 500 millones de años atrás, un período que, según la paleontología, corresponde al

Paleozoico, mucho antes de la aparición de los seres humanos. Este hecho ha dejado perplejos a los científicos: ¿cómo es posible que un artefacto de esa antigüedad muestre detalles de ingeniería que solo podrían ser realizados con tecnología moderna?

Los análisis de la composición de la piedra revelaron una estructura compleja. Está formada por tres capas distintas: una base de dolomita, una capa intermedia de diopsido, y una capa superior de porcelana de alta resistencia. La capa intermedia es la que contiene los grabados, protegida por la capa superior. Esta construcción por capas ha llevado a los investigadores a concluir que la losa fue fabricada, ya que tal composición no se encuentra de manera natural. La precisión y la resistencia de los materiales han sido comparadas con tecnologías de producción modernas, lo que sugiere que quien haya creado el mapa poseía conocimientos avanzados en geología y mineralogía.

El misterio de la Piedra de Dashka no termina aquí. Existen indicios de que podría haber formado parte de una serie de mapas más grandes o de una cartografía mucho más extensa. Los investigadores han propuesto que podría tratarse de una representación parcial de una región del mundo antiguo, usada como herramienta de navegación o planificación. Esto ha llevado a especulaciones sobre la existencia de una civilización avanzada que habría habitado la Tierra en un pasado remoto, mucho antes de que los primeros homínidos comenzaran a caminar por el planeta.

Las teorías sobre el origen de la piedra son variadas y, en algunos casos, rozan lo fantástico. Algunos arqueólogos alternativos y defensores de la teoría de los antiguos astronautas sostienen que la piedra es evidencia de la presencia de una civilización extraterrestre que visitó la Tierra en tiempos prehistóricos y dejó estos mapas como legado. Según esta teoría, el "Mapa del Creador" sería una guía utilizada por estos visitantes para navegar o modificar el terreno, tal vez como parte de un proyecto de terraformación. Otros teóricos sugieren que la piedra podría ser un vestigio de la mítica Atlántida o de una civilización antediluviana que alcanzó niveles tecnológicos que aún no comprendemos.

Sin embargo, estas explicaciones no son aceptadas por la comunidad científica tradicional, que se muestra escéptica ante el hallazgo. Muchos arqueólogos y geólogos creen que el relieve en la Piedra de Dashka podría ser simplemente una coincidencia geológica o el resultado de erosiones naturales. Argumentan que, sin pruebas claras de herramientas o métodos de producción, es difícil concluir que se trate de un artefacto creado por manos humanas. Además, la datación de cientos de millones de años plantea un problema: la humanidad no existía en ese período, lo que haría imposible atribuir la creación del mapa a cualquier civilización conocida.

A pesar de estas reservas, el propio Chuvyrov se mantuvo firme en sus conclusiones hasta su muerte. En sus estudios, destacó que la precisión de los canales y embalses representados en la piedra no podría ser el resultado de procesos naturales. Presentó su hipótesis a diversos congresos científicos, pero la falta de evidencia concluyente y la naturaleza extraordinaria del hallazgo dificultaron su aceptación. La controversia sigue viva, alimentada por la falta de consenso y por la fascinación que despiertan los OOPARTs entre los aficionados a los misterios históricos.

Hoy en día, la Piedra de Dashka permanece en el limbo entre la ciencia y la especulación. Algunos estudiosos han sugerido que debería someterse a más análisis, utilizando tecnologías avanzadas como escáneres tridimensionales y análisis químicos más precisos, para determinar con mayor exactitud su composición y origen. Sin embargo, la financiación para estos estudios ha sido escasa, en parte debido al escepticismo de la comunidad académica y al carácter controvertido del hallazgo.

La Piedra de Dashka representa uno de los enigmas más fascinantes del mundo de los OOPARTs. Más allá de las teorías y explicaciones propuestas, sigue siendo un desafío para nuestra comprensión de la historia antigua y de los límites de las capacidades humanas y, tal vez, no humanas. ¿Es simplemente un capricho de la naturaleza o la evidencia de un conocimiento perdido, más allá de lo que hoy estamos dispuestos a aceptar? La respuesta, por ahora, permanece oculta en las vetas de caliza de esta enigmática losa, esperando a que alguien desvele su verdadero propósito.

El ovni de Roswell Rock

Roca de Roswell. Fuente: Wikipedia

En el vasto desierto de Nuevo México, donde el cielo parece eterno y el viento arrastra secretos que parecen susurrar historias no contadas, ocurrió un hallazgo que desató una ola de especulaciones, debates y teorías conspirativas: la llamada Roswell Rock, o "La Roca de Roswell". Este misterioso objeto, descubierto en el año 2004, cerca del sitio del famoso incidente OVNI de Roswell de 1947, ha sido motivo de fascinación y polémica, especialmente entre los entusiastas de los objetos fuera de lugar o OOPARTs.

La historia comienza con Robert Ridge, un cazador local que

recorría las llanuras arenosas del desierto. Mientras caminaba, se topó con una pequeña roca que, al principio, parecía una simple piedra de forma ovalada y lisa. Sin embargo, al levantarla, notó algo extraordinario: en una de sus caras, la piedra presentaba un grabado complejo, un diseño perfectamente simétrico que parecía más propio de un dispositivo moderno que de una roca encontrada al azar en el desierto. El patrón mostraba dos círculos concéntricos y figuras similares a lunas crecientes, con un diseño geométrico que parecía tener un significado más allá de lo decorativo.

Lo que más intriga generó en la comunidad de investigadores y ufólogos fue la aparente coincidencia entre el diseño de la Roswell Rock y un famoso crop circle (círculo en los cultivos) aparecido en Inglaterra en 1996, en una zona conocida como Liddington. La similitud entre el patrón de la piedra y el diseño del crop circle era asombrosa: ambos compartían la misma disposición de los círculos y figuras lunares. Esta coincidencia llevó a muchos a preguntarse si la roca y el crop circle estaban conectados de alguna forma, y si ambos eran pruebas de la intervención de una inteligencia extraterrestre. El hecho de que la piedra apareciera en Roswell, un lugar ya cargado de simbolismo e historias de OVNIs, solo alimentó aún más el misterio.

La datación de la Roswell Rock ha sido un desafío para los científicos. Aunque se ha determinado que la piedra es natural y no presenta elementos artificiales en su composición, el grabado ha dejado perplejos a los investigadores. Utilizando técnicas de análisis microscópico, se ha comprobado que el diseño no fue tallado de manera convencional. No hay rastros de herramientas manuales o cortes tradicionales. De hecho, la superficie del grabado es tan pulida y precisa que parece haber sido realizada con tecnología láser, algo que sería extremadamente difícil de lograr con medios rudimentarios, especialmente si se asume que fue creada hace mucho tiempo.

Esta aparente imposibilidad tecnológica ha llevado a numerosos teóricos a proponer que la Roswell Rock podría ser de origen extraterrestre. La idea sugiere que la piedra fue dejada como una especie de "mensaje" o marcador, una evidencia deliberada de una visita alienígena. Algunos incluso creen que la roca pudo haber sido manipulada utilizando una tecnología avanzada de resonancia o vibración, que habría permitido esculpir el diseño sin contacto físico directo.

Por otro lado, los escépticos han ofrecido explicaciones más mundanas. Algunos han sugerido que la piedra es simplemente una creación moderna, una broma o una falsificación elaborada para captar la atención de los medios y del público interesado en el fenómeno OVNI. Sin embargo, esta hipótesis pierde fuerza cuando se consideran los estudios científicos que muestran la falta de marcas de herramientas y el extraordinario acabado del grabado. Además, la similitud con el crop circle de Inglaterra, aparecido casi una década antes del hallazgo de la roca, sugiere una conexión que sería difícil de falsificar intencionadamente.

Para intentar desentrañar el misterio, investigadores han sometido a la Roswell Rock a pruebas más avanzadas. Un análisis de su campo magnético reveló algo inusual: la piedra parece responder a estímulos electromagnéticos de forma peculiar. Cuando se coloca cerca de un imán fuerte, la roca gira y se orienta en una dirección específica, como si tuviera algún tipo de polaridad oculta. Esta propiedad ha sido difícil de explicar, ya que no hay rastros de minerales ferromagnéticos que lo justifiquen, lo que ha llevado a especulaciones sobre si la roca podría tener un propósito tecnológico o simbólico más allá de lo que se ha podido determinar hasta ahora.

En un intento por descifrar su significado, se han propuesto varias teorías sobre el propósito de la Roswell Rock. Algunos creen que podría ser un artefacto de navegación o un marcador dejado por visitantes extraterrestres para señalar el lugar de un contacto o evento significativo. Otros piensan que podría ser parte de un código o mensaje más amplio, relacionado con los crop circles que han aparecido en diversas partes del mundo. La conexión entre los diseños geométricos, tanto en los círculos de los cultivos como en la roca, sugiere una simbología compartida, un lenguaje que aún no hemos descifrado.

El hallazgo de la Roswell Rock también ha reavivado el interés por el incidente OVNI de 1947, en el que se alega que una nave alienígena se estrelló cerca de Roswell. Los defensores de la hipótesis extraterrestre sugieren que la roca podría ser un vestigio de esa misma visita, un artefacto dejado atrás como testimonio de la presencia de seres de otro mundo. Esta idea, aunque fascinante, sigue siendo objeto de debate, ya que no hay pruebas concluyentes que vinculen ambos eventos más allá de la proximidad geográfica.

Hoy en día, la Roswell Rock sigue siendo exhibida en eventos y conferencias sobre OVNIs, atrayendo a curiosos y expertos por igual. A pesar de las numerosas pruebas y análisis a los que ha sido sometida, la roca sigue guardando sus secretos. Es un objeto que parece estar suspendido entre dos mundos: el de la ciencia, que busca explicaciones racionales, y el del misterio, que invita a explorar posibilidades más allá de nuestro conocimiento actual.

El enigma de la Roswell Rock es un recordatorio de que, aunque hemos avanzado mucho en nuestra comprensión del universo, todavía hay fenómenos que nos desafían y nos obligan a considerar la posibilidad de que no estamos solos. ¿Es la Roswell Rock simplemente una curiosidad geológica, o es una prueba tangible de algo más, algo que aún no estamos preparados para entender? La respuesta sigue oculta en los extraños grabados de esta pequeña piedra del desierto, esperando ser descubierta por aquellos dispuestos a mirar más allá de lo evidente.

Los objetos de Hoia Forest

Bosque de Hoia-Baku. Fuente: Wikipedia

En el corazón de Rumanía, donde los paisajes naturales parecen sacados de leyendas ancestrales, se extiende un lugar envuelto en una atmósfera densa de misterio y leyenda: el Bosque de Hoia-Baciu. Considerado por muchos como uno de los lugares más paranormales del mundo, el bosque ha sido llamado el "Triángulo de las Bermudas de Transilvania", y es conocido por sus fenómenos extraños e inexplicables. Sin embargo, además de sus historias de apariciones fantasmales y avistamientos de luces extrañas, hay algo más tangible y desconcertante que ha salido a la luz: los Objetos de Hoia Forest, una serie de artefactos inusuales que desafían toda explicación lógica.

El primer descubrimiento significativo ocurrió a mediados del siglo XX, cuando un grupo de arqueólogos locales, atraídos por los rumores de hallazgos inusuales, comenzó a excavar en áreas del bosque que los lugareños evitaban. Los objetos encontrados eran de naturaleza diversa, pero todos compartían una característica inquietante: no parecían encajar en ningún contexto cultural o histórico conocido de la región. Entre ellos había esferas de metal pulido, fragmentos de material similar al vidrio, y lo más intrigante, un pequeño disco metálico grabado con símbolos que nadie ha podido identificar. Este último objeto ha sido el foco de muchas investigaciones, debido a sus complejos grabados, que parecen una combinación de iconografía antigua con motivos geométricos y patrones que recuerdan a circuitos modernos.

El disco de Hoia, como ha sido denominado, es una pieza que mide aproximadamente 15 centímetros de diámetro, con un grosor de unos pocos milímetros. Está compuesto de una aleación metálica que no coincide con ninguna registrada en la antigüedad, pero presenta un desgaste que sugiere una edad de miles de años. Las pruebas de datación mediante espectroscopía sugieren que el objeto podría tener entre 3.000 y 5.000 años, lo que resulta inexplicable para los arqueólogos, ya que en esa época los habitantes de la región no disponían de tecnología capaz de crear aleaciones tan complejas. Este enigma ha llevado a especular que el disco podría no haber sido fabricado por manos humanas, sino que podría ser un artefacto traído a la Tierra por visitantes de otro mundo.

El misterio de los objetos de Hoia-Baciu no termina con el disco. Durante las excavaciones, se encontraron también fragmentos de cristal con propiedades únicas. Estos cristales, al ser expuestos a la luz ultravioleta, emiten un brillo azulado que parece responder de forma consciente a estímulos de energía eléctrica. Algunos investigadores sugieren que podrían haber sido parte de algún dispositivo antiguo, tal vez una fuente de energía o un tipo de herramienta de navegación. El cristal parece ser una mezcla de cuarzo y otro mineral desconocido, lo que lo convierte en una rareza geológica. Al intentar replicar su composición en laboratorios modernos, los científicos no han podido identificar la fórmula exacta, lo que alimenta aún más la especulación sobre su origen.

El propio bosque de Hoia-Baciu ha contribuido a la aura de misterio alrededor de estos objetos. Este lugar es famoso por sus anomalías electromagnéticas y fenómenos inexplicables, como las luces brillantes que flotan entre los árboles o las inexplicables sensaciones de ansiedad que muchos visitantes experimentan al adentrarse en sus senderos. Algunos teóricos creen que el bosque podría ser un punto de acceso a otro plano de realidad, y que los objetos encontrados son restos de incursiones de seres de otros mundos. El caso más famoso es el de un grupo de excursionistas que, en 1968, reportaron haber visto una nave luminosa flotando sobre un claro del bosque. La nave desapareció en un destello, y después del evento, los testigos encontraron una pequeña barra metálica enterrada superficialmente en el suelo, que parecía haber sido dejada atrás por la extraña nave.

La barra metálica fue analizada en laboratorios de Bucarest, y los resultados fueron asombrosos. El metal no era identificable, con una estructura atómica que no correspondía a ningún material terrestre conocido. Presentaba una pureza extrema y una conductividad eléctrica fuera de los parámetros conocidos para los metales naturales. La barra fue bautizada como el "Artefacto de la Luz de Hoia", y se ha convertido en un símbolo para los estudiosos del fenómeno OVNI en la región. A pesar de los intentos de datación, no se ha podido establecer su antigüedad de manera concluyente, y su origen sigue siendo un enigma.

En 1975, un equipo de investigadores del Instituto de Estudios Parapsicológicos de Rumanía realizó una expedición al bosque para estudiar tanto los objetos como los fenómenos paranormales asociados. Durante su estancia, reportaron anomalías significativas en sus instrumentos de medición: brújulas que giraban sin control, fallos en los equipos electrónicos y, en un caso, uno de los miembros del equipo aseguró haber visto una figura humanoide translúcida que se desvaneció ante sus ojos. Los objetos encontrados durante esta expedición incluyeron pequeños fragmentos de metal extremadamente delgados, casi como láminas de papel, con una textura que se asemejaba al aluminio, pero más resistente y flexible. Los análisis de estas láminas sugieren que fueron tratadas con un proceso que no se conocía hasta el siglo XX, lo que plantea la pregunta de cómo llegaron a estar enterradas a varios metros bajo tierra en un bosque milenario.

Las explicaciones para los objetos de Hoia-Baciu varían ampliamente. Los escépticos sugieren que muchos de estos hallazgos podrían ser simples coincidencias, o incluso falsificaciones elaboradas por aquellos deseosos de promover la fama del bosque como lugar paranormal. Sin embargo, los estudios científicos han descartado varias de estas teorías, especialmente en relación con la composición única de los materiales y la complejidad de los grabados en el disco de Hoia. Para muchos, estos artefactos podrían ser la evidencia de una civilización antigua y avanzada que se perdió en el tiempo, o incluso de tecnología extraterrestre dejada atrás durante una visita en épocas remotas.

Hoy en día, los objetos de Hoia Forest se encuentran bajo custodia del Museo Nacional de Historia de Rumanía, aunque algunos fragmentos y piezas han sido adquiridos por coleccionistas privados, lo que dificulta la investigación continua. El bosque sigue siendo un lugar de peregrinaje para investigadores y curiosos, quienes, armados con detectores de metales y cámaras, esperan ser los próximos en encontrar una pista que arroje luz sobre este enigma. La combinación de estos hallazgos y los fenómenos paranormales asociados con Hoia-Baciu crean un misterio que sigue desconcertando a expertos y aficionados por igual, manteniendo viva la pregunta: ¿podría el Bosque de Hoia-Baciu ser un portal hacia lo desconocido, o simplemente un lugar donde la naturaleza y la historia han conspirado para desafiar nuestra comprensión del mundo?

El cráneo de Starchild

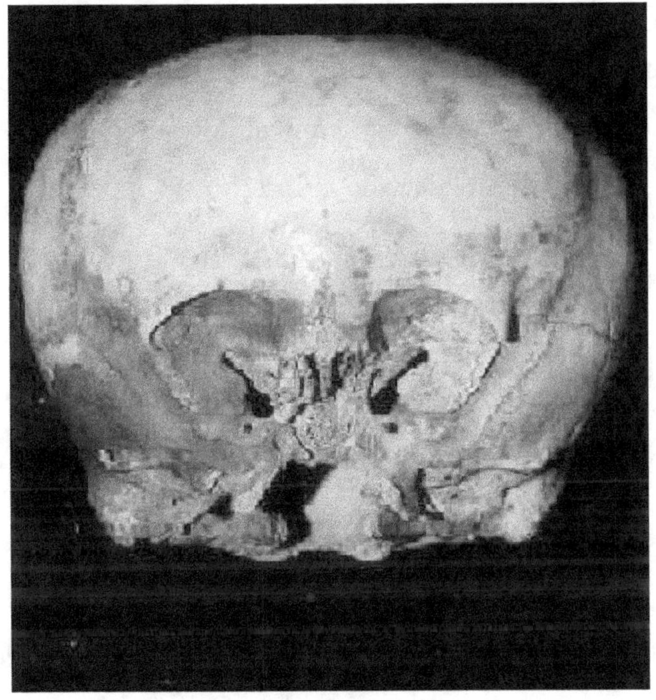

Cráneo de Starchild. Fuente: Wikipedia

En el mundo de la arqueología y la antropología existen descubrimientos que, lejos de ofrecer respuestas sobre nuestro pasado, traen consigo más preguntas y misterios. Uno de estos hallazgos es el conocido como el Cráneo de Starchild, un objeto peculiar que ha sido objeto de debates acalorados, especulaciones extraterrestres y análisis científicos rigurosos desde que fue descubierto. Este enigmático cráneo no se asemeja a ningún otro conocido en la historia de la humanidad, lo que ha llevado a muchos a preguntarse si estamos frente a un caso único de malformación humana, una especie desconocida o, como algunos creen, la prueba física de contacto con vida extraterrestre.

El origen del cráneo se remonta a 1930, cuando una niña estadounidense de 13 años y su familia, de vacaciones en una zona remota del norte de México, descubrieron un esqueleto parcial en una cueva. Junto a los restos de lo que parecía ser una mujer humana, se encontraba un cráneo de aspecto extraño, con características que no coincidían con ninguna especie conocida. El hallazgo no recibió mucha atención en aquel momento, y el cráneo fue guardado como un simple recuerdo. Sin embargo, décadas después, el objeto llegó a manos de Lloyd Pye, un investigador y autor que se dedicó a estudiar anomalías y misterios arqueológicos. Pye se interesó de inmediato por el cráneo debido a sus características físicas inusuales y se convirtió en el principal defensor de su estudio científico, proponiendo que podría no ser completamente humano.

El Cráneo de Starchild presenta una serie de anomalías que lo diferencian radicalmente de los cráneos humanos normales. Para empezar, tiene una forma claramente distinta: es más ancho y aplanado, con una curvatura posterior que no se observa en cráneos humanos típicos. Además, sus órbitas oculares son mucho más superficiales y no presentan los mismos relieves que los cráneos humanos, lo que ha llevado a algunos investigadores a sugerir que el individuo tenía unos ojos considerablemente más grandes y menos profundos, parecidos a los que se describen en los relatos de avistamientos de extraterrestres. También destaca el volumen craneal, que es alrededor de un 30% mayor que el de un humano promedio, lo que sugiere una capacidad cerebral superior.

Uno de los aspectos más misteriosos del cráneo es su composición. Las pruebas iniciales de ADN realizadas en la década de 1990 arrojaron resultados confusos. Se detectó ADN mitocondrial, que proviene de la madre, lo que indicaba que, al menos en parte, el cráneo pertenecía a un ser humano. Sin embargo, los intentos de analizar el ADN nuclear, que proviene de ambos padres, no arrojaron resultados concluyentes en un principio. A medida que la tecnología de análisis genético avanzó, se llevaron a cabo nuevos estudios en los años 2000. Los resultados mostraron que una parte del material genético del cráneo era humano, pero otra parte no coincidía con ningún ADN registrado en las bases de datos genéticas humanas. Esto alimentó la hipótesis de que el individuo podría haber sido un híbrido, posiblemente resultado de una cruza entre un humano y una especie no identificada, o incluso extraterrestre.

El espesor del hueso del cráneo es otro factor que ha desconcertado a los científicos. Es mucho más delgado y ligero que el de un cráneo humano normal, pero al mismo tiempo es considerablemente más resistente. El hueso presenta una estructura fibrosa que no se encuentra en la anatomía humana. Los análisis microscópicos revelaron que contiene fibras incrustadas en la matriz ósea, algo completamente desconocido en biología humana. Este hallazgo llevó a algunos científicos a teorizar que el cráneo podría haber pertenecido a un ser con una biología adaptada para sobrevivir en condiciones de gravedad o atmósfera diferentes a las de la Tierra, aunque esta idea ha sido recibida con escepticismo en la comunidad científica.

La datación por carbono-14 realizada sobre el cráneo lo sitúa aproximadamente en el año 900 d.C., lo que lo enmarca en el periodo posclásico temprano de Mesoamérica, una época en la que ya existían civilizaciones complejas como los toltecas. Sin embargo, no hay evidencia en las culturas precolombinas de individuos que presenten deformidades como las observadas en el Cráneo de Starchild, y no hay registros de prácticas rituales que expliquen su forma. Si bien algunas culturas practicaban la deformación craneal como símbolo de estatus, esta práctica no produce las características que se observan en el cráneo, como el aumento del volumen craneal y la composición atípica del hueso.

El debate sobre el origen del cráneo se ha dividido principalmente en dos campos. Por un lado, están los científicos convencionales que argumentan que el cráneo podría pertenecer a un individuo humano con múltiples malformaciones congénitas, posiblemente relacionadas con condiciones como la hidrocefalia. Sin embargo, esta explicación no ha sido satisfactoria para muchos debido a la cantidad de anomalías presentes y a la falta de casos documentados que presenten todas estas características al mismo tiempo. Por otro lado, los partidarios de la hipótesis extraterrestre sostienen que el cráneo es la prueba más contundente de contacto con seres de otro mundo, argumentando que muchas de sus características no pueden explicarse por ninguna patología humana conocida.

Los estudios más recientes, realizados con técnicas avanzadas de secuenciación de ADN, han complicado aún más la situación. Se ha descubierto que aproximadamente 15% del ADN extraído del cráneo no coincide con ninguna secuencia conocida en los bancos de datos genéticos modernos. Esto ha llevado a teorías de que el cráneo podría pertenecer a una especie extinta de homínido aún no identificada, una especie híbrida, o, como sostienen algunos, a un ser de origen extraterrestre. A pesar de los esfuerzos por obtener una respuesta concluyente, los resultados siguen siendo ambiguos, y el enigma del Cráneo de Starchild permanece sin resolver.

El cráneo ha sido objeto de múltiples documentales, libros y debates en conferencias científicas y de ufología. Mientras algunos lo ven como una prueba tangible del contacto extraterrestre, otros lo consideran simplemente un caso fascinante de malformación anatómica, que aún necesita ser explicado por la ciencia. Lo cierto es que, hasta el día de hoy, el Cráneo de Starchild sigue siendo uno de los OOPARTs más controvertidos y estudiados, desafiando nuestra comprensión del pasado y abriendo la puerta a posibilidades que nos hacen replantear lo que creemos saber sobre la historia de la humanidad y sus posibles encuentros con lo desconocido.

Las espirales de los Urales

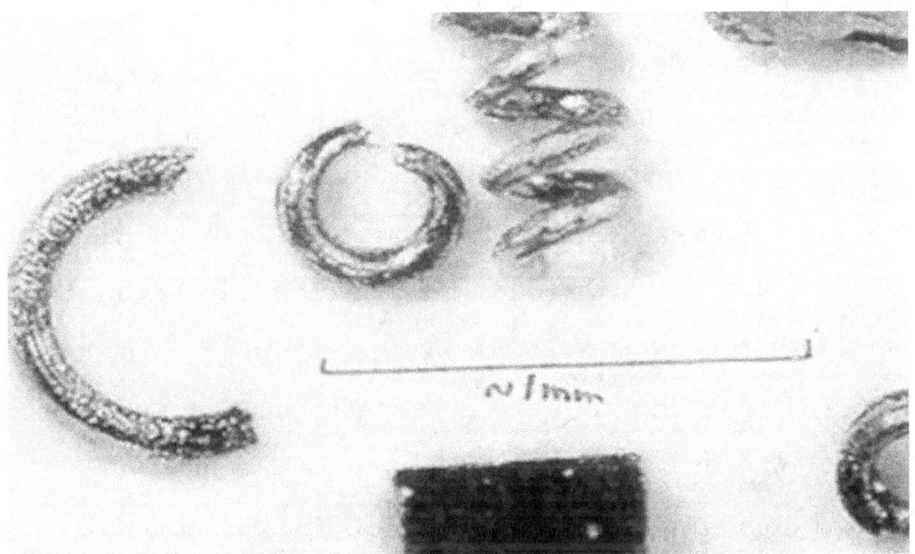

Espirales de los Urales. Fuente: Wikipedia

En las estribaciones de los Urales, una de las regiones más antiguas y ricas en minerales de Rusia, se produjo un hallazgo insólito a finales de la década de 1990. Lo que comenzó como una excavación minera rutinaria en busca de oro se convirtió en una de las mayores incógnitas de la arqueología contemporánea. Los trabajadores de la zona encontraron, mezclados con los sedimentos y el lodo de los ríos Narada y Kozhim, objetos minúsculos de formas espirales que, desde su descubrimiento, han desatado controversia y especulación debido a su tamaño y a la aparente tecnología utilizada para fabricarlos. Estos misteriosos artefactos han pasado a conocerse como las Espirales de los

191

Urales, y se consideran un oopart (Out of Place Artifact), desafiando el conocimiento convencional sobre el desarrollo de la civilización y la tecnología.

Las primeras espirales fueron halladas durante exploraciones geológicas y mineras en la región, y su cantidad sorprendió a los científicos. Estaban mezcladas con otros depósitos aluviales que databan del Pleistoceno, lo que implica una antigüedad estimada de entre 20,000 y 100,000 años. Este dato, si se considera como cierto, colocaría su fabricación en un periodo anterior a cualquier civilización avanzada conocida, lo que resulta desconcertante, dado el nivel de precisión requerido para crear objetos tan pequeños y con una forma tan específica.

Los objetos espirales varían significativamente en tamaño, con los más grandes midiendo alrededor de 3 centímetros, mientras que los más pequeños son de apenas 1/10 de milímetro, apenas visibles a simple vista. Estos diminutos artefactos han sido clasificados como nanotecnología antigua, ya que presentan un diseño en espiral perfecto que, según los expertos, solo podría haberse conseguido con técnicas modernas de fabricación en miniatura, como el mecanizado por control numérico (CNC). El nivel de precisión con el que están construidas estas espirales no solo ha desconcertado a los arqueólogos, sino también a los ingenieros, quienes se han sorprendido al encontrar objetos que parecen haber sido creados con tecnología avanzada, posiblemente hasta con herramientas láser o de alta precisión.

El material del que están hechas las espirales es otro elemento fascinante. Los análisis metalúrgicos revelaron que están compuestas principalmente de tungsteno, molibdeno y cobre, metales que tienen propiedades muy específicas y que requieren temperaturas extremadamente altas para ser fundidos y trabajados. El tungsteno, por ejemplo, tiene un punto de fusión superior a los 3,400 grados Celsius, lo que plantea la cuestión de cómo una cultura primitiva pudo haber trabajado este metal. El cobre es más común y podría haber sido utilizado por civilizaciones antiguas, pero la combinación de estos materiales y la precisión de su diseño sugieren un conocimiento metalúrgico que supera con creces el de las culturas prehistóricas.

En cuanto al origen y propósito de estas espirales, las teorías son numerosas y a menudo contradictorias. Algunos científicos creen que podrían haber sido fragmentos de maquinaria moderna, como partes de sondas utilizadas en prospección minera. Sin embargo, esta hipótesis pierde fuerza debido a la profundidad y la antigüedad de los estratos donde se encontraron, en contextos geológicos que datan de miles de años antes de la revolución industrial. Si bien es posible que algunos objetos hayan sido contaminantes recientes, el hallazgo masivo y su distribución geológica apuntan hacia una procedencia más antigua.

El investigador ruso Dr. Alexander Putiev, quien estuvo entre los primeros en estudiar estas espirales, sugirió que podrían haber sido utilizadas como componentes de dispositivos electrónicos de una civilización desconocida, una teoría que muchos consideran demasiado especulativa. Otros estudiosos han propuesto la idea de que estos artefactos son prueba de una cultura tecnológicamente avanzada que existió mucho antes de lo que la historia convencional admite, tal vez una civilización perdida de la que aún no se tienen registros, o incluso, como sugieren algunos más osados, restos de tecnología extraterrestre dejada en la Tierra hace milenios.

En 1996, el Instituto de Investigación Central de Geología y Metales No Ferrosos en Moscú realizó un análisis detallado de varios de los objetos y confirmó que no mostraban signos de ser piezas naturales. Esto significa que fueron, sin duda, manufacturados por alguien o algo. Además, los exámenes de microscopía electrónica mostraron un desgaste en los objetos que indicaba que habían sido expuestos a condiciones naturales durante un largo período, reforzando la idea de su gran antigüedad.

A pesar de los estudios, aún persisten muchas preguntas sin respuesta. ¿Quién o qué los fabricó? ¿Con qué propósito? ¿Cómo pudieron crearse objetos tan diminutos y precisos en una era donde supuestamente no existía tecnología avanzada? Algunos investigadores alternativos han planteado la hipótesis de que estas espirales son vestigios de una antigua y avanzada nanotecnología empleada por una civilización perdida, tal vez los legendarios atlantes, quienes habrían dominado conocimientos técnicos que se perdieron con el tiempo. Otros sugieren que podrían haber sido dejadas por visitantes de otro mundo, quienes habrían utilizado dispositivos minúsculos para estudiar o manipular el entorno terrestre hace miles de años.

El hallazgo de las espirales de los Urales continúa siendo un tema controversial, especialmente porque los estudios se han visto interrumpidos por la dificultad para acceder a los lugares originales de descubrimiento y la pérdida de algunas de las muestras más pequeñas. El gobierno ruso ha mostrado un interés limitado en financiar más investigaciones, y los científicos que han trabajado en estos objetos enfrentan críticas de la comunidad académica convencional, que considera estas teorías como especulaciones sin fundamento. Sin embargo, para quienes han tenido la oportunidad de observar estas espirales de cerca, el misterio sigue siendo innegable y fascinante.

Al igual que otros OOPARTs, las espirales de los Urales desafían nuestra comprensión del desarrollo tecnológico de la humanidad y abren la puerta a la posibilidad de que la historia que conocemos sea solo una parte de un relato mucho más vasto y complejo. Estas diminutas estructuras, que parecen fuera de lugar y fuera de tiempo, nos recuerdan que aún queda mucho por descubrir sobre nuestro pasado y que, quizás, hay capítulos completos de nuestra historia que aún no han sido escritos.

Los artefactos de la Cueva de los Tayos

Corredor de la Cueva de Los Tayos. Fuente: Wikipedia

En lo profundo de la Selva Amazónica ecuatoriana, oculta entre la densa vegetación y escarpados acantilados, yace la legendaria Cueva de los Tayos, un lugar envuelto en misterio y mitos ancestrales. Durante siglos, esta caverna ha sido conocida por los Shuar, una tribu indígena local, quienes creen que es un lugar sagrado habitado por espíritus guardianes. Sin embargo, la fascinación moderna por esta cueva no se debe solo a las leyendas indígenas, sino a una serie de descubrimientos asombrosos que desafían la comprensión actual de la historia humana: los llamados artefactos de Tayos.

La atención hacia esta cueva comenzó a intensificarse en la década de 1960, cuando el sacerdote y explorador húngaro Juan Moricz afirmó haber descubierto una biblioteca metálica oculta en sus profundidades. Según Moricz, esta colección contenía láminas de metal grabadas con símbolos desconocidos, representando un conocimiento perdido, posiblemente de una civilización antediluviana. Junto con las láminas, Moricz describió haber encontrado estatuillas y objetos de formas extrañas, algunos de los cuales no se asemejaban a ninguna cultura conocida en la región. Esta afirmación capturó la imaginación de investigadores y aventureros de todo el mundo, ya que, de ser cierta, cambiaría por completo nuestra visión sobre las capacidades tecnológicas y artísticas de las antiguas civilizaciones precolombinas.

Uno de los aspectos más intrigantes de los artefactos de Tayos es su composición. Algunos de estos objetos parecen estar hechos de metal dorado, mientras que otros están elaborados con una aleación desconocida, mostrando un nivel de habilidad metalúrgica que no coincide con las herramientas y tecnologías de las culturas locales. Las estatuillas, en particular, presentan formas humanoides y animales, pero con rasgos que parecen fuera de lugar. Hay figuras con cráneos elongados, que recuerdan a las representaciones de seres extraterrestres en la cultura popular, y animales que no habrían habitado la región, lo que ha llevado a muchos a especular sobre un origen externo o la influencia de una civilización avanzada que desapareció sin dejar rastro.

El interés por los artefactos alcanzó su punto culminante en 1976, cuando una expedición internacional, liderada por el astronauta Neil Armstrong, se adentró en la cueva con el objetivo de investigar los supuestos hallazgos de Moricz. La participación de Armstrong, el primer hombre en pisar la Luna, dio un peso adicional a la exploración y atrajo la atención de medios de comunicación de todo el mundo. Durante esta expedición, se recolectaron numerosos objetos, incluidas herramientas de piedra, cerámicas y, según algunos informes no oficiales, piezas metálicas que no han sido plenamente explicadas ni analizadas públicamente. Sin embargo, muchos de los objetos supuestamente hallados no fueron revelados al público, y persisten rumores de que algunos artefactos fueron ocultados deliberadamente.

La controversia sobre la autenticidad de los artefactos de Tayos continúa hasta hoy. Los arqueólogos convencionales sostienen que las piezas descubiertas en la cueva pertenecen a culturas precolombinas locales, como los Shuar y los Inca, y descartan las afirmaciones sobre una biblioteca metálica o la presencia de objetos tecnológicamente avanzados. Sin embargo, algunos estudiosos, como el investigador suizo Erich von Däniken, han defendido la teoría de que los artefactos de Tayos son evidencia de contacto con seres de otro mundo o, al menos, con una civilización avanzada que habría transmitido sus conocimientos a las culturas locales. Von Däniken popularizó esta idea en su libro "El oro de los dioses", donde narra su encuentro con Moricz y describe los artefactos como pruebas de una antigua y avanzada cultura que habría existido mucho antes de las civilizaciones conocidas en Sudamérica.

Uno de los elementos más sorprendentes es la descripción de las láminas metálicas encontradas en la cueva. Estas láminas, según los relatos de Moricz y otros exploradores, estarían grabadas con inscripciones y símbolos que no corresponden a ningún sistema de escritura conocido. Algunos investigadores han sugerido que podrían ser parte de una biblioteca antigua, una especie de "registro universal" que contendría información sobre la historia y el conocimiento de una civilización olvidada. Sin embargo, hasta la fecha, no se han presentado pruebas concluyentes que confirmen la existencia de estas láminas, y muchos críticos argumentan que podrían ser solo una leyenda o una exageración de los relatos de los exploradores.

A pesar de las dudas y la falta de evidencia definitiva, las historias sobre los artefactos de Tayos siguen inspirando teorías y especulaciones. Algunos creen que estos objetos son parte de un legado atlante, vestigios de una civilización desaparecida hace miles de años tras un cataclismo global. Otros sugieren que la cueva fue utilizada como un depósito secreto por antiguos viajeros que llegaron a América desde otras partes del mundo, mucho antes de lo que admite la historia oficial. Existe también la posibilidad de que los artefactos sean simplemente creaciones locales, influenciadas por el contacto con exploradores europeos o asiáticos mucho antes de la llegada de Colón, lo que indicaría una conexión cultural temprana entre continentes.

El misterio de los artefactos de Tayos no se limita a los objetos en sí, sino que abarca también el entorno de la cueva y sus características geológicas. La cueva de los Tayos es un complejo sistema de túneles y cámaras subterráneas, muchas de ellas aún inexploradas, lo que deja espacio para futuras sorpresas. Algunos estudios geológicos han indicado que ciertas secciones de la cueva parecen haber sido talladas artificialmente, lo que añade otra capa de intriga a la cuestión de si fue utilizada o modificada por una cultura antigua con capacidades avanzadas.

En la actualidad, la cueva sigue siendo objeto de investigación, aunque el acceso es limitado debido a su ubicación remota y a la necesidad de obtener permisos de los Shuar, quienes consideran el sitio como parte de su patrimonio cultural. Las expediciones recientes han aportado nueva información sobre la geología y la fauna de la cueva, pero los artefactos siguen siendo un enigma. Algunos objetos permanecen en colecciones privadas o han desaparecido por completo, lo que ha alimentado teorías de conspiración sobre encubrimientos y manipulaciones de la historia.

Así, los artefactos de Tayos continúan siendo una pieza fundamental del rompecabezas de los OOPARTs, desafiando nuestras concepciones sobre el pasado y abriendo la puerta a posibilidades que aún no comprendemos del todo. Tal vez, en un futuro, nuevas investigaciones o descubrimientos arrojen luz sobre el misterio de Tayos y nos permitan entender quién creó estos objetos y con qué propósito. Hasta entonces, la cueva de los Tayos seguirá siendo un lugar de fascinación y misterio, un eco del pasado que susurra secretos desde las sombras del tiempo.

5. Formaciones Geológicas o Arqueológicas Anómalas

Formaciones que parecen desentonar con los patrones naturales y se interpretan como obra de manos humanas o de alguna civilización antigua.

El Ojo del Sahara

Estructura del Ojo del Sahara: Fuente:Wikipedia

El Ojo del Sahara, también conocido como la Estructura de Richat, es un enigma que ha fascinado a científicos, arqueólogos y teóricos de lo inexplicable durante décadas. Situado en el corazón del desierto del Sahara, en Mauritania, esta formación geológica masiva se extiende por más de 40 kilómetros de diámetro, y vista desde el espacio, se asemeja a un gigantesco ojo que observa desde la tierra árida, un remolino de anillos concéntricos que destacan en el vasto paisaje monótono del desierto. Su apariencia inusual y su simetría casi perfecta han llevado a muchos a especular sobre su origen, tejiendo teorías que van desde causas naturales hasta hipótesis sobre civilizaciones perdidas.

El primer avistamiento registrado del Ojo del Sahara se remonta a los primeros vuelos espaciales. En la década de 1960, los astronautas lo usaban como un punto de referencia, ya que su forma circular y su tamaño colosal lo hacían fácilmente identificable incluso desde la órbita terrestre. Esta estructura no solo llamó la atención de los exploradores espaciales, sino que pronto se convirtió en un foco de estudio para los geólogos. Inicialmente, se pensó que el Ojo podría ser el cráter de impacto de un meteorito debido a su forma circular, pero investigaciones más detalladas descartaron esta hipótesis al no encontrarse evidencias de materiales fundidos o fragmentos meteóricos, elementos típicos en zonas de impacto.

En lugar de un cráter, se determinó que la Estructura de Richat era el resultado de un proceso geológico conocido como domo anticlinal. Hace aproximadamente 100 millones de años, durante el periodo Cretácico, una gran burbuja de magma ascendió desde las profundidades de la corteza terrestre, empujando las capas de roca hacia arriba. Esta cúpula, o domo, sufrió una erosión gradual a lo largo de milenios, revelando los distintos estratos de roca sedimentaria y volcánica, creando así los anillos concéntricos que observamos hoy. Cada anillo representa una capa geológica diferente, algunas datadas de hace más de 500 millones de años, lo que ofrece una ventana única al pasado remoto de nuestro planeta.

Sin embargo, la explicación geológica no es suficiente para muchos investigadores y entusiastas de lo desconocido. La forma perfecta del Ojo, su simetría y su ubicación específica en el Sahara han dado pie a numerosas teorías que sugieren que esta estructura podría ser algo más que una mera anomalía geológica. Una de las hipótesis más fascinantes, popularizada por investigadores alternativos y exploradores como Graham Hancock, sostiene que el Ojo del Sahara podría ser la ubicación de la mítica Atlántida descrita por Platón. Según los diálogos de Platón, la Atlántida era una ciudad circular con anillos de tierra y agua, una estructura que parece coincidir sorprendentemente bien con la Estructura de Richat. Además, la descripción de la Atlántida como una civilización poderosa y avanzada que desapareció en un cataclismo hace unos 11,000 años ha llevado a algunos a especular que el Sahara podría no haber sido siempre un desierto, sino una región fértil y rica, devastada por un cambio climático drástico.

Los defensores de esta teoría han señalado que la ubicación del Ojo del Sahara coincide con la descripción dada por Platón sobre el lugar donde estaría la Atlántida, más allá de las Columnas de

Hércules (el Estrecho de Gibraltar). Si bien muchos académicos desestiman esta idea como una mera fantasía, los detalles intrigantes de los textos platónicos y la similitud visual entre la Estructura de Richat y el diseño de la ciudad mítica han mantenido viva esta especulación.

A lo largo de los años, diversas expediciones han intentado investigar el Ojo del Sahara, pero su ubicación remota y las duras condiciones del desierto hacen que la exploración sea extremadamente difícil. Sin embargo, se han encontrado restos de herramientas de piedra y fragmentos de cerámica en las cercanías, lo que sugiere que grupos humanos prehistóricos habitaron o al menos visitaron esta área hace miles de años. Algunos investigadores creen que estos asentamientos pudieron estar conectados con la rica historia de civilizaciones olvidadas que florecieron en el Sahara cuando aún era una tierra verde, cubierta de lagos y ríos.

Otra línea de investigación plantea la posibilidad de que la Estructura de Richat fuera utilizada como un marcador geográfico o como parte de un complejo sistema de navegación prehistórica. Desde el cielo, el Ojo del Sahara es una de las formaciones naturales más visibles, y algunos teóricos han sugerido que podría haber servido como un punto de referencia para antiguos marinos o viajeros que cruzaban la región en épocas antiguas. La idea de que los pueblos antiguos tuvieran un conocimiento avanzado del terreno y que utilizaran estas formaciones como guías añade otra capa de misterio a la historia del Ojo.

En 2018, la exploración digital mediante el uso de imágenes satelitales y herramientas como Google Earth revivió el interés popular por el Ojo del Sahara. El análisis de estas imágenes reveló detalles fascinantes, como patrones que parecen corresponder a estructuras erosionadas, posibles restos de construcciones antiguas o formaciones inusuales que no encajan completamente en la explicación geológica estándar. Algunos entusiastas han señalado que estas formaciones podrían ser los vestigios de una ciudad sumergida o de un antiguo puerto, alimentando aún más la teoría de la Atlántida. Sin embargo, estas observaciones no han sido corroboradas científicamente, y muchas se atribuyen a la pareidolia, el fenómeno por el cual el cerebro humano identifica formas familiares donde no las hay realmente.

A pesar de las teorías alternativas y las interpretaciones esotéricas, la mayoría de los geólogos están de acuerdo en que el Ojo del Sahara es un fenómeno natural, un ejemplo extraordinario de cómo las fuerzas de la naturaleza pueden esculpir el paisaje de maneras que parecen casi diseñadas. Pero incluso con esta explicación, el misterio permanece. ¿Por qué esta estructura, tan diferente de cualquier otra formación geológica conocida, se encuentra en el centro del Sahara? ¿Es solo una coincidencia que su forma y disposición se asemejen tanto a los diseños circulares descritos en las leyendas antiguas?

El Ojo del Sahara sigue siendo un sitio de fascinación, no solo para científicos y geólogos, sino también para soñadores y buscadores de lo desconocido. Es un recordatorio de que, aunque hemos explorado gran parte del mundo, todavía quedan rincones que desafían nuestra comprensión, ecos de un pasado que tal vez aún no hemos desentrañado por completo. Tal vez el verdadero misterio del Ojo no radica en sus rocas o en su forma, sino en la manera en que nos obliga a mirar hacia atrás, a cuestionar nuestras certezas y a imaginar las historias ocultas bajo las arenas del desierto.

Los bloques de piedra de Yonaguni

Estructuras sumergidas en Yonaguni. Fuente: Wikipedia

Los bloques de piedra de Yonaguni, un conjunto de estructuras masivas y misteriosas sumergidas bajo las aguas del Océano Pacífico, han suscitado desde su descubrimiento un intenso debate entre científicos, arqueólogos, geólogos y teóricos de lo inexplicable. La formación se encuentra cerca de la isla de Yonaguni, la más occidental del archipiélago de Japón, y es parte de las islas Ryukyu. Su hallazgo, a finales de la década de 1980, sorprendió al mundo y planteó una serie de preguntas sobre su origen: ¿son estas formaciones el resultado de un proceso geológico natural o representan los vestigios de una civilización perdida, posiblemente la más antigua conocida en la historia humana?

En 1987, el instructor de buceo japonés Kihachiro Aratake descubrió por casualidad una enorme estructura sumergida durante una inmersión en busca de nuevos puntos turísticos para los amantes del buceo. Lo que encontró lo dejó perplejo: una serie de plataformas escalonadas, paredes verticales, bloques de piedra rectangulares y hasta lo que parecía ser una gigantesca pirámide, todo ello a una profundidad de entre 5 y 25 metros bajo el nivel del mar. La estructura más grande, apodada el Monumento de Yonaguni, tiene un aspecto monumental, con lo que parecen ser terrazas simétricas, escalones tallados y formas angulares que contrastan fuertemente con el entorno marino natural.

Desde el primer momento, el hallazgo generó un intenso interés y curiosidad. El geólogo japonés Masaaki Kimura fue uno de los primeros científicos en estudiar la estructura y rápidamente se convirtió en su principal defensor como un sitio de origen humano. Según Kimura, las formaciones de Yonaguni no podrían haber sido creadas por procesos naturales, ya que presentan líneas demasiado rectas, ángulos perfectos de 90 grados y patrones geométricos que se asemejan a los de otras construcciones megalíticas conocidas alrededor del mundo, como las pirámides de Egipto o los templos mayas. Kimura sugirió que las estructuras eran los restos de una ciudad perdida, sumergida hace aproximadamente 10,000 años, durante el final de la última era glacial, cuando el nivel del mar era mucho más bajo.

Si la teoría de Kimura es correcta, las estructuras de Yonaguni serían los restos de una civilización avanzada que existió antes de las culturas antiguas conocidas, como Sumeria o el Antiguo Egipto, lo que obligaría a reescribir gran parte de la historia humana. El investigador ha identificado en el sitio lo que él cree que son templos, caminos pavimentados, escaleras y hasta un estadio. Ha propuesto, además, que estas ruinas podrían estar conectadas con la legendaria civilización de Mu, una hipotética tierra perdida en el Pacífico que, según la mitología, albergó a una cultura próspera y avanzada antes de desaparecer en el mar.

Sin embargo, muchos científicos han expresado escepticismo ante estas afirmaciones. Para la mayoría de los geólogos, las estructuras de Yonaguni son el resultado de un fenómeno conocido como diaclasas, fracturas naturales que se producen en ciertas rocas sedimentarias, como la arenisca, cuando están sometidas a tensiones tectónicas. Estas fracturas tienden a producir superficies planas y ángulos rectos que pueden parecer construidos artificialmente, especialmente después de que la erosión marina suavice y esculpa las rocas a lo largo de milenios. Los críticos de la teoría de la ciudad sumergida argumentan que aunque las formaciones puedan parecer construidas por el hombre, su disposición puede explicarse mediante procesos geológicos naturales, y que la interpretación humana de estos patrones es simplemente un caso de pareidolia, donde nuestro cerebro identifica patrones y formas familiares donde no existen.

A pesar de estas explicaciones científicas, el debate está lejos de resolverse. Los defensores de la hipótesis de una civilización sumergida apuntan a varias características específicas de Yonaguni que desafían una simple explicación natural. Por ejemplo, se han encontrado marcas en algunas piedras que parecen ser tallados o inscripciones, y algunos bloques parecen estar alineados de una manera que podría sugerir un conocimiento avanzado de la astronomía, similar a cómo se han encontrado alineaciones en otros sitios megalíticos como Stonehenge o los templos de Angkor Wat. Además, los bloques más grandes de la estructura parecen estar colocados con una precisión que sería difícil de lograr sin intervención humana, lo que lleva a algunos investigadores a sugerir que estas formaciones podrían haber sido modificadas o esculpidas para adaptarse a las necesidades de una sociedad antigua.

Las inmersiones en el sitio han revelado más detalles intrigantes, como una posible figura tallada conocida como la Esfinge de Yonaguni, que parece representar un rostro humano con una expresión serena. Si bien algunos estudiosos consideran que esta figura es una simple coincidencia geológica, otros la ven como evidencia de que el monumento fue esculpido deliberadamente. Kimura ha argumentado que esta figura, junto con otros detalles, apoya su teoría de que Yonaguni fue habitada por una cultura avanzada, posiblemente los ancestros de las culturas que más tarde florecieron en Japón y Asia Oriental.

El contexto histórico y geológico de la región también añade complejidad al misterio. Durante la última era glacial, hace aproximadamente 12,000 años, el nivel del mar era mucho más bajo, y vastas áreas que hoy están sumergidas habrían sido parte de la costa. Si existió una civilización en Yonaguni, su caída podría haber sido provocada por el repentino aumento del nivel del mar al final del periodo glacial, un evento que habría sumergido grandes extensiones de tierra en todo el mundo y podría haber dado origen a los mitos de tierras perdidas como la Atlántida y Mu.

A lo largo de los años, el sitio de Yonaguni ha atraído a numerosos investigadores, equipos de filmación y curiosos, todos ansiosos por desentrañar el enigma. Sin embargo, el entorno submarino es difícil de explorar, con fuertes corrientes y una visibilidad limitada que complican los estudios detallados. Hasta la fecha, no se ha realizado un análisis exhaustivo con tecnología de sonar de alta resolución, lo que deja muchas preguntas sin respuesta. ¿Estamos ante una maravilla geológica única o ante los restos de una civilización olvidada que podría cambiar nuestra comprensión de la prehistoria?

El enigma de los bloques de Yonaguni continúa alimentando el debate entre aquellos que buscan pruebas de un pasado oculto y quienes se adhieren a explicaciones científicas convencionales. Mientras tanto, las aguas turquesas del Pacífico siguen ocultando sus secretos, guardando celosamente los vestigios de una historia que quizás nunca lleguemos a comprender por completo. El Monumento de Yonaguni es tanto un desafío a nuestra imaginación como una ventana hacia un pasado que aún se niega a revelar sus misterios, recordándonos que, incluso en el siglo XXI, el mundo todavía alberga rincones donde la verdad se mezcla con el mito y la ciencia se enfrenta a lo desconocido.

Las piedras de Moeraki

Piedras de Moeraki en Nueva Zelanda. Fuente: Wikipedia

En las playas de Nueva Zelanda, bañadas por el impetuoso océano Pacífico, se encuentran unas formaciones rocosas tan enigmáticas como sorprendentes: las Piedras de Moeraki. Estas gigantescas esferas de piedra, ubicadas en la costa este de la Isla Sur, cerca del pequeño pueblo de Moeraki, han intrigado a viajeros, científicos y lugareños durante siglos. Las piedras parecen haber sido depositadas cuidadosamente sobre la playa, como si fueran los restos de algún juego titánico o el trabajo de una antigua civilización olvidada. Sin embargo, su origen sigue siendo un tema de intenso debate, alimentando teorías tanto científicas como místicas.

Las piedras de Moeraki son un ejemplo espectacular de

concreciones esféricas, que es el término geológico para masas de roca sedimentaria que se han endurecido alrededor de un núcleo central. Su tamaño varía desde unos pocos centímetros hasta colosales esferas de más de dos metros de diámetro, pesando varias toneladas. La playa donde descansan ofrece una visión surrealista: docenas de estas esferas están dispersas a lo largo de la orilla, algunas completas y pulidas por el oleaje, mientras que otras, partidas por la mitad, revelan un interior hueco lleno de intrincadas y hermosas formaciones cristalinas, como si se tratara de los fragmentos de un gigantesco huevo prehistórico.

El proceso natural que formó estas piedras es un fenómeno fascinante de la geología. Según los científicos, las piedras de Moeraki comenzaron a formarse hace unos 65 millones de años, durante el periodo Cretácico. Se cree que se originaron a partir de la acumulación de sedimentos en el lecho marino, alrededor de un núcleo central compuesto por restos fósiles, como fragmentos de conchas o huesos. A medida que las capas de sedimento se compactaban y endurecían, los minerales disueltos en el agua, como la calcita, comenzaron a cementar estas partículas, creando estructuras esféricas cada vez más grandes. Este proceso, conocido como concreción, puede tomar millones de años, y el resultado final son estas piedras de una forma casi perfecta, que parecen desafiar la acción caótica de la naturaleza.

Sin embargo, la ciencia no ha conseguido disipar por completo el aura de misterio que rodea a las piedras de Moeraki. A pesar de la explicación geológica, su tamaño, simetría y disposición siguen alimentando la imaginación de aquellos que las contemplan. Los mitos y leyendas maoríes ofrecen una interpretación alternativa mucho más fantástica y poética. Según la tradición local, las piedras son los restos de los calabashes (recipientes para comida), cestas y anzuelos de pesca que pertenecieron a los tripulantes del mítico Arai-te-Uru, una gran canoa ancestral que naufragó cerca de la costa. Los maoríes creen que los objetos de la canoa se convirtieron en piedra al llegar a la orilla, explicando así las misteriosas esferas y otras formaciones cercanas.

Además de su importancia cultural para los maoríes, las piedras de Moeraki han captado la atención de quienes buscan explicaciones alternativas. Algunos entusiastas de los OOPARTs (artefactos fuera de lugar) han sugerido que estas esferas podrían ser evidencia de una tecnología avanzada perdida, indicando la intervención de una civilización desconocida. Se ha llegado a especular que las piedras podrían haber sido herramientas de precisión, o incluso una suerte de "almacenes de energía" utilizados por culturas que precedieron a los pueblos indígenas de Nueva Zelanda. Sin embargo, estas teorías son ampliamente rechazadas por la comunidad científica, que defiende la explicación geológica basada en procesos naturales de concreción.

El aspecto físico de las piedras de Moeraki es otro motivo de fascinación. Muchas de ellas presentan patrones de grietas en su superficie, conocidos como "veins" (venas), que recuerdan al caparazón de una tortuga. Estas venas se formaron cuando las piedras comenzaron a secarse y contraerse, creando fracturas que posteriormente fueron rellenadas por minerales como la calcita, creando un efecto visual que parece intencionado, como si alguien hubiese decorado las piedras con intrincados diseños. Algunas esferas están casi completamente enterradas en la arena, mientras que otras han sido expuestas por la erosión del mar y el viento, lo que ofrece una visión impresionante de estas "piedras gigantes" emergiendo lentamente de la playa, como si estuvieran saliendo de su propio letargo milenario.

La datación de las piedras y el contexto geológico del lugar han revelado detalles fascinantes. Los estudios indican que las concreciones se formaron lentamente en el lecho marino, cuando la región que hoy es la costa de Moeraki estaba sumergida bajo el océano. Con el paso de los milenios, los movimientos tectónicos y el cambio en el nivel del mar provocaron que las piedras fueran expuestas en su ubicación actual. La costa de Moeraki es una muestra del poder del tiempo y la naturaleza, un sitio donde procesos que normalmente son invisibles para el ojo humano se han materializado en forma de estas esculturas naturales.

El magnetismo de las piedras de Moeraki va más allá de su forma y origen. Su disposición a lo largo de la costa y la forma en que interactúan con el paisaje circundante parecen tener un carácter casi ritualístico. Algunos visitantes afirman sentir una fuerte energía cuando están cerca de ellas, y se ha llegado a sugerir que el sitio podría haber sido considerado sagrado por los antiguos habitantes de la región, o incluso que podría haber funcionado como un lugar de observación astronómica, aunque no hay evidencia concreta que respalde estas afirmaciones.

El fenómeno de las piedras de Moeraki no es único, pues existen concreciones similares en otras partes del mundo, como las piedras de Bowling Ball Beach en California o las esferas gigantes de Costa Rica. Sin embargo, la combinación de su tamaño, simetría y el contexto cultural que las rodea hacen que las piedras de Moeraki sean especialmente destacadas. Su presencia en la playa, expuestas a la intemperie y al constante embate de las olas, es un recordatorio tangible de la lenta pero inexorable fuerza de la naturaleza, así como de la forma en que los humanos interpretamos y damos sentido a los fenómenos que no comprendemos completamente.

En última instancia, las piedras de Moeraki continúan siendo un enigma abierto, una ventana hacia el pasado que nos permite vislumbrar el asombroso poder de los procesos geológicos. Pero también nos desafían a reconsiderar nuestras suposiciones sobre lo que es "natural" y lo que es "artificial". Son un testimonio de que, a veces, la naturaleza puede crear obras de arte tan perfectas que parecen fruto de la mano del hombre, y al mismo tiempo nos invitan a reflexionar sobre los límites del conocimiento humano y los secretos aún ocultos en los rincones más recónditos de nuestro planeta.

Los círculos de piedra de Nabta Playa

Círculos de piedra en Nabta Playa, desierto del Sáhara. Fuente: Wikipedia

En el vasto y desolado desierto de Nubia, donde el abrasador sol del Sáhara reina sin clemencia, se encuentra un lugar que ha desconcertado a arqueólogos y científicos por igual: Nabta Playa. A simple vista, es una región aparentemente árida y vacía, sin rastro de vida, pero bajo la superficie de esta inmensa llanura se esconde uno de los hallazgos más enigmáticos del antiguo mundo. Aquí, alineados de manera meticulosa y precisa, se erigen los misteriosos círculos de piedra de Nabta Playa, un conjunto de monumentos que sugieren una civilización avanzada, quizás precursora de las grandes culturas que posteriormente florecieron a orillas del Nilo. Su datación, sus complejas alineaciones astronómicas y la incertidumbre sobre su propósito han desatado un sinfín de teorías, que abarcan desde lo científico hasta lo místico y especulativo.

El descubrimiento de Nabta Playa se produjo a finales del siglo XX, cuando un equipo de arqueólogos encabezado por Fred Wendorf comenzó a explorar esta parte remota del desierto egipcio. A simple vista, el lugar no ofrecía más que piedras dispersas y enterradas en la arena, pero al excavar, los investigadores se toparon con un conjunto estructurado de círculos de piedra, monolitos verticales y túmulos funerarios. El hallazgo fue asombroso: se había descubierto lo que parecía ser un observatorio astronómico que precedía en miles de años a Stonehenge, remontándose hasta unos 6,500 años a.C., en pleno periodo Neolítico.

Los círculos de piedra de Nabta Playa están organizados en patrones que parecen alinearse con fenómenos astronómicos significativos, como el solsticio de verano y la posición de ciertas estrellas clave. El monumento principal está formado por un círculo de piedras de unos cuatro metros de diámetro, con monolitos verticales que actúan como marcadores de referencia. A través de estudios arqueoastronómicos, se ha determinado que estas piedras marcan eventos astronómicos, como el solsticio de verano, cuando el sol se alinea perfectamente con ciertos puntos del círculo. Esto sugiere que los habitantes de Nabta Playa poseían un conocimiento sorprendentemente avanzado de los movimientos celestes y que usaban este lugar como una suerte de calendario astronómico para predecir las estaciones, un recurso vital para la supervivencia en un entorno tan hostil.

El descubrimiento de este complejo astronómico ha llevado a los investigadores a reconsiderar la evolución de la cultura en África del Norte. Antes del hallazgo de Nabta Playa, se creía que los pueblos del Neolítico en esta región eran nómadas y cazadores-recolectores sin grandes conocimientos técnicos. Sin embargo, el diseño y la precisión de los círculos de piedra sugieren la existencia de una sociedad mucho más avanzada, con capacidades para la organización comunitaria, el cálculo matemático y el conocimiento del cosmos. Es posible que este sitio haya sido utilizado por una proto-civilización que posteriormente influiría en el desarrollo de las grandes culturas faraónicas del Egipto Antiguo. Algunas teorías incluso proponen que Nabta Playa pudo haber sido un centro religioso o espiritual, donde se realizaban rituales en honor a los dioses asociados con el sol y las estrellas.

Los monolitos y círculos de piedra no son los únicos elementos desconcertantes de Nabta Playa. Durante las excavaciones, se encontraron también restos de estructuras subterráneas y una gran cantidad de cerámica decorada, así como huesos de animales, entre ellos vacas, que sugieren prácticas rituales. Los arqueólogos creen que los habitantes de Nabta Playa podrían haber sido los primeros en domesticar el ganado en África del Norte, lo que implica un estilo de vida más sedentario de lo que se pensaba. Esto transforma la narrativa histórica de la región, ya que revela un asentamiento estable, donde las comunidades cultivaban y criaban animales, basando su calendario y sus rituales en la observación astronómica precisa.

La precisión con la que los monolitos están alineados ha llevado a algunos investigadores a sugerir que Nabta Playa podría haber sido un observatorio astronómico dedicado al culto estelar. Una de las alineaciones más notables es la que señala la posición de **Sirio**, la estrella más brillante del cielo nocturno, que habría sido visible justo antes del amanecer durante el solsticio de verano. Para los antiguos egipcios, Sirio estaba asociado con la diosa Isis y el renacimiento del Nilo, por lo que es plausible que el culto a esta estrella tenga raíces mucho más antiguas, posiblemente vinculadas a los habitantes de Nabta Playa.

A pesar de los avances en la investigación, Nabta Playa sigue siendo un enigma envuelto en teorías y especulaciones. Algunas hipótesis más controvertidas sugieren que el sitio podría ser un oopart, un artefacto fuera de lugar, indicando que una civilización desconocida o, incluso, visitantes extraterrestres podrían haber contribuido a su construcción. Los defensores de estas teorías argumentan que el conocimiento astronómico demostrado en

Nabta Playa es demasiado avanzado para la época y el contexto, sugiriendo una influencia externa. Sin embargo, la comunidad científica tiende a rechazar estas ideas, prefiriendo ver el sitio como una prueba del ingenio y la capacidad intelectual de los pueblos neolíticos africanos.

El contexto geológico del lugar también es relevante para entender su importancia. Nabta Playa se encuentra en una región que, durante el Neolítico, no era un desierto árido como lo es hoy. En lugar de eso, era una sabana fértil, con lagos y vegetación abundante, lo que habría permitido el asentamiento humano y el desarrollo de una cultura agrícola y pastoril. La transición climática que transformó esta región en un desierto fue gradual, lo que obligó a sus habitantes a abandonar Nabta Playa y posiblemente migrar hacia el valle del Nilo, llevando consigo sus conocimientos astronómicos y agrícolas. Esto refuerza la teoría de que Nabta Playa podría ser el precursor de los complejos rituales y ceremoniales que surgirían en el Egipto dinástico.

En la actualidad, Nabta Playa sigue siendo un sitio de investigación arqueológica activa, pero también ha ganado notoriedad entre los entusiastas de lo paranormal y los adeptos de teorías alternativas sobre la historia humana. Algunos ven en sus alineaciones y complejidades un posible "mensaje codificado" de antiguas civilizaciones avanzadas, mientras que otros lo consideran un portal hacia el entendimiento de los orígenes del culto solar en la humanidad. La atmósfera de misterio que envuelve a Nabta Playa, combinada con su remoto y desolado entorno, crea una sensación casi palpable de estar frente a un lugar fuera del tiempo, una reliquia de un pasado que apenas comenzamos a comprender.

En definitiva, los círculos de piedra de Nabta Playa no solo ofrecen una ventana fascinante al conocimiento astronómico de los antiguos pueblos del Sáhara, sino que también desafían nuestras nociones preconcebidas sobre la evolución de la civilización en el continente africano. Son un recordatorio de que, mucho antes de las pirámides de Egipto, existieron sociedades complejas y sofisticadas capaces de explorar y comprender el cosmos con una precisión que aún hoy nos sorprende. Nabta Playa sigue siendo un enigma que, con cada descubrimiento, nos acerca un poco más a desentrañar los secretos de nuestros antepasados, y quizá, a entender mejor el impulso humano de mirar al cielo en busca de respuestas.

Las Esferas de Costa Rica: Perfección Perdida en la Jungla

Parque de Esferas de Costa Rica. Fuente: Wikipedia

En lo profundo de la exuberante selva tropical de Costa Rica, ocultas entre los árboles y la vegetación densa, yacen unas enigmáticas estructuras esféricas que han desconcertado a arqueólogos, historiadores y científicos por igual durante décadas. Son conocidas simplemente como las Esferas de Costa Rica, pero su simplicidad nominal oculta el gran misterio que representan. Estos objetos son perfectas esferas de piedra, algunas tan grandes como una persona adulta, y su origen y propósito han sido debatidos sin una resolución clara.

El descubrimiento oficial de las esferas ocurrió en la década de 1930, cuando la United Fruit Company estaba despejando terrenos para plantaciones de banano en la región del delta del río Diquís, en el suroeste de Costa Rica. Al principio, los trabajadores se encontraron con estas piedras grandes y lisas mientras excavaban el terreno. La mayoría de los empleados, al no conocer el valor potencial de estos objetos, los removieron de sus lugares originales, e incluso algunos fueron destruidos en un esfuerzo por encontrar oro oculto en su interior, siguiendo rumores locales. Sin embargo, estas primeras observaciones levantaron suficiente curiosidad para atraer la atención de investigadores interesados en comprender su origen.

Las esferas varían en tamaño desde pequeñas piedras de apenas unos centímetros hasta impresionantes gigantes de más de dos metros de diámetro, con un peso que puede superar las 16 toneladas. Lo que más llama la atención es su extraordinaria precisión esférica. Muchas de estas esferas presentan una forma casi perfecta, con desviaciones mínimas que resultan sorprendentes considerando que fueron creadas antes de la llegada de herramientas de precisión modernas. La piedra utilizada para fabricarlas es principalmente granodiorita, un tipo de roca volcánica que no se encuentra en las inmediaciones donde fueron halladas, lo que añade otra capa al misterio: ¿cómo fueron transportadas hasta allí?

La cultura que se atribuye tradicionalmente la creación de estas esferas es la cultura Diquís, una civilización precolombina que habitó la región entre los años 700 y 1500 d.C. Los Diquís eran expertos artesanos y trabajaban el oro y la cerámica con gran habilidad, pero no se les había asociado anteriormente con trabajos en piedra de esta magnitud y complejidad. Los métodos utilizados para tallar estas esferas siguen siendo objeto de especulación. Se ha sugerido que se emplearon técnicas de abrasión con arena y agua, o que tal vez utilizaron herramientas de piedra para darles forma. Sin embargo, ninguna de estas teorías explica satisfactoriamente el nivel de perfección que alcanzaron, especialmente considerando la dureza del material.

El misterio no termina con su creación. El propósito de las esferas sigue siendo un enigma aún más profundo. Algunas teorías sugieren que fueron utilizadas como marcadores astronómicos, alineadas con los movimientos del sol y las estrellas, en una especie de observatorio precolombino. Otros creen que podrían haber sido símbolos de poder y estatus, dispuestas en los asentamientos de los líderes de la tribu para demostrar su prestigio. Sin embargo, al haber sido movidas de sus ubicaciones originales por los colonos y trabajadores, es difícil saber si seguían un patrón específico o si estaban alineadas de alguna manera significativa.

Uno de los mayores problemas a la hora de estudiar las esferas es precisamente esta falta de contexto arqueológico. Al ser trasladadas y dañadas desde su lugar de origen, se ha perdido gran parte de la información crucial que podría haber arrojado luz sobre su propósito. Algunas esferas fueron llevadas a jardines privados, edificios públicos y museos, tanto dentro como fuera de Costa Rica, dispersando aún más el conjunto y dificultando su estudio sistemático.

El enigma de las esferas se hizo aún más intrigante con el descubrimiento de un objeto similar, el martillo de Texas, considerado también un OOPART (Out of Place Artifact). El martillo fue hallado en la década de 1930, incrustado en una formación de roca que databa de hace más de 100 millones de años, según algunos análisis. Este artefacto desafía la cronología establecida de la humanidad, planteando preguntas sobre la posibilidad de civilizaciones avanzadas que existieron mucho antes de lo que actualmente se acepta. Aunque las Esferas de Costa Rica y el martillo de Texas no están relacionados directamente, ambos son ejemplos de objetos cuya presencia y contexto desafían las explicaciones convencionales de la historia.

Los defensores de la teoría de los antiguos astronautas sugieren que las esferas son evidencia de visitas extraterrestres. Argumentan que la precisión con la que fueron esculpidas, así como su tamaño y el material empleado, indican el uso de tecnologías que los pueblos indígenas de la región no habrían tenido. Según esta teoría, las esferas podrían haber servido como dispositivos de navegación para naves espaciales, o tal vez como señales para seres de otros mundos que dejaron su huella en nuestro planeta hace miles de años.

Otra teoría es que las esferas representan un mapa astronómico. Algunos investigadores han intentado trazar alineaciones entre las esferas y los solsticios o equinoccios, sugiriendo que podrían haber sido utilizadas para marcar eventos celestiales importantes, sirviendo como un calendario tridimensional esculpido en piedra. Sin embargo, la evidencia que apoya esta teoría es escasa debido a la dispersión de las esferas.

Los indígenas locales, descendientes de la cultura Diquís, han conservado sus propias leyendas sobre las esferas. Según ellos, las piedras eran armas de los dioses del trueno, lanzadas desde el cielo para destruir a sus enemigos. Estas historias transmiten una reverencia por las esferas, viéndolas como objetos sagrados que nunca deben ser movidos o dañados, una creencia que fue ignorada por los colonos que las trasladaron y destruyeron.

En la década de 1940, el arqueólogo costarricense Samuel Lothrop llevó a cabo una de las primeras investigaciones formales de las esferas. Lothrop documentó más de 300 esferas, pero se frustró ante la imposibilidad de determinar su propósito exacto. Aunque su trabajo estableció una base para la investigación futura, muchas de las esferas descubiertas en años recientes no han sido estudiadas en profundidad debido a la falta de fondos y a la dificultad de acceso a sus ubicaciones.

El enigma de las Esferas de Costa Rica sigue vigente. En 2014, la UNESCO las declaró Patrimonio de la Humanidad, reconociendo su importancia cultural y arqueológica. Esta designación ha ayudado a proteger algunas de las esferas restantes, pero el daño ya hecho es irreversible. A medida que los estudios continúan, surgen más preguntas que respuestas, lo que convierte a las esferas en un símbolo de los misterios aún no resueltos de nuestro pasado.

Quizás algún día, una nueva tecnología o una teoría revolucionaria logre descifrar el propósito de estas extrañas y perfectas esferas. Por ahora, siguen siendo un recordatorio silencioso de que el conocimiento de nuestras antiguas civilizaciones es limitado, y que tal vez hubo un tiempo en el que el hombre, o algo más, tenía acceso a secretos y tecnologías que hemos olvidado. En un rincón perdido de Costa Rica, estas esferas nos invitan a mirar más allá de lo conocido y a preguntarnos qué otros enigmas esconde la historia, esperando ser descubiertos en las sombras del tiempo.

La estructura de la Cueva de Cochno

Losa de piedra de Cochno. Fuente: Wikipedia

La Cueva de Cochno, conocida también como la Piedra de Cochno, es uno de esos enigmáticos artefactos que desafían a arqueólogos y estudiosos por igual, a menudo catalogada como un *OOPArt* por el misterio que la rodea y las dificultades para encajarla en un contexto histórico claro. Situada en las cercanías de Clydebank, Escocia, esta inmensa losa de piedra, de aproximadamente 13 metros de largo por 8 metros de ancho, fue descubierta inicialmente en 1887 por el reverendo James Harvey, quien quedó asombrado ante la riqueza de símbolos tallados sobre su superficie. Las grabaciones, que datan de alrededor del 3000 a.C., presentan una de las mayores concentraciones de arte rupestre neolítico de toda Europa, lo que la convierte en una pieza fundamental para el estudio de las civilizaciones prehistóricas, aunque sigue siendo un enigma su propósito y significado.

La piedra está cubierta de una compleja red de grabados, principalmente representaciones de círculos concéntricos, surcos y líneas que serpentean de forma aparentemente arbitraria. Hay más de 90 símbolos, muchos de ellos consistentes en lo que se conoce como "copas y anillos", un motivo común en el arte rupestre prehistórico, pero que en este caso es extraordinariamente abundante y detallado. Además de estos patrones, se han encontrado tallas que parecen sugerir formas geométricas, cruces y hasta lo que podría interpretarse como un mapa celeste o una representación astronómica. Esta idea ha llevado a numerosos investigadores a teorizar que la Cueva de Cochno podría haber servido como una suerte de observatorio primitivo, un calendario o una herramienta para la cartografía del cielo nocturno, aunque ninguna de estas hipótesis ha sido confirmada definitivamente.

El misterio alrededor de la Cueva de Cochno se complica aún más cuando se considera que fue deliberadamente enterrada en 1965 por las autoridades locales. Esta decisión se tomó para proteger los grabados de actos vandálicos y del deterioro natural, ya que se habían producido daños significativos desde su descubrimiento. El hecho de que se cubriera nuevamente con tierra ha alimentado teorías conspirativas que sugieren que se estaba tratando de ocultar algo más allá de simples medidas de conservación. Algunos investigadores alternativos han sugerido que los grabados podrían contener información que no encaja con la historia establecida de las antiguas culturas europeas, quizás evidencia de un conocimiento avanzado de astronomía o incluso indicios de contacto con civilizaciones perdidas.

Desde entonces, ha habido varios intentos de estudiar la piedra y documentar sus tallas. En 2016, un equipo liderado por la Universidad de Glasgow desenterró temporalmente la piedra para realizar estudios de alta precisión y capturar imágenes tridimensionales, con el fin de conservar digitalmente los grabados y permitir un análisis detallado sin necesidad de exponer la piedra al riesgo de nuevos daños. Durante esta excavación temporal, los investigadores quedaron fascinados por la complejidad de los símbolos, especialmente por una serie de círculos concéntricos conectados por líneas rectas que parecen cruzar toda la extensión de la piedra, formando patrones que algunos creen podrían representar caminos, ríos o incluso constelaciones.

Las teorías sobre el propósito de la Cueva de Cochno son tan variadas como las personas que la han estudiado. Algunos arqueólogos creen que los grabados podrían haber tenido un significado ritual o espiritual, quizás sirviendo como un lugar de reunión para ceremonias o rituales relacionados con la fertilidad o la observación de los ciclos lunares y solares. Esta teoría se refuerza con la presencia de numerosos motivos "copas y anillos", que han sido interpretados en otras partes del mundo como símbolos de ofrenda o representaciones del ciclo de la vida. Sin embargo, estas interpretaciones siguen siendo especulativas, ya que no existen textos ni testimonios directos que puedan explicar su significado.

Por otro lado, hay quienes sostienen que los grabados de la Cueva de Cochno podrían ser una suerte de mapa. Varios estudiosos han tratado de correlacionar los círculos y líneas con formaciones geográficas cercanas, sugiriendo que la piedra podría ser una representación esquemática del paisaje local, indicando puntos de interés o lugares sagrados. Esta idea es particularmente intrigante, ya que de ser cierta, representaría uno de los mapas más antiguos conocidos, lo que indicaría un nivel de conocimiento topográfico sorprendente para una cultura neolítica.

Finalmente, están las teorías más controvertidas, que ven en los grabados indicios de contacto con civilizaciones perdidas o incluso influencia extraterrestre. Algunos autores han señalado que ciertos patrones y figuras recuerdan vagamente a inscripciones encontradas en lugares tan lejanos como América del Sur, lo que ha llevado a teorías que sugieren la existencia de una civilización avanzada que conectaba diferentes partes del mundo en épocas prehistóricas. Estas ideas, aunque fascinantes, suelen ser rechazadas por la comunidad académica, que prefiere enfoques más conservadores y basados en evidencias arqueológicas.

El enigma de la Cueva de Cochno sigue atrayendo a investigadores, turistas y curiosos, todos buscando respuestas sobre una de las obras de arte rupestre más enigmáticas y elaboradas del mundo. A medida que la tecnología avanza, es posible que futuras excavaciones o estudios con herramientas más sofisticadas arrojen nueva luz sobre su propósito y significado. Sin embargo, por ahora, la piedra permanece en gran medida enterrada, tanto física como metafóricamente, bajo una capa de misterio que no ha hecho más que intensificar el aura de fascinación que la rodea.

El monumento de Gunung Padang

Enclave arqueológico de Gunung Padang, en Indonesia. Fuente: Wikipedia

Gunung Padang, ubicado en la provincia de Java Occidental, Indonesia, es una estructura monumental que ha desconcertado a arqueólogos y científicos desde su descubrimiento. A simple vista, parece una colina cubierta de vegetación tropical, pero lo que yace bajo su superficie es un enigma que desafía nuestras nociones sobre la historia y la capacidad tecnológica de las civilizaciones antiguas. Gunung Padang ha sido llamado el *"monumento megalítico más grande del sudeste asiático"*, y algunos incluso lo han calificado como uno de los sitios arqueológicos más antiguos del mundo, con potenciales raíces que se remontan a más de 20.000 años, mucho antes de la fecha tradicionalmente aceptada para el inicio de la civilización humana.

El sitio fue registrado por primera vez por exploradores coloniales holandeses en 1914, pero no recibió atención seria hasta las últimas décadas, cuando investigaciones más detalladas comenzaron a revelar la magnitud de la estructura. A medida que los equipos de arqueólogos y geofísicos excavaban y analizaban el área, se dieron cuenta de que lo que habían considerado una simple colina natural era en realidad una pirámide escalonada, construida con enormes bloques de piedra de basalto. Estas piedras, algunas de varios metros de longitud y que pesan toneladas, están organizadas en una serie de terrazas que cubren casi toda la cima de la colina, formando una estructura escalonada similar a las pirámides de Mesopotamia o Mesoamérica.

La datación del monumento de Gunung Padang ha sido uno de los aspectos más controvertidos. Los análisis de radiocarbono realizados sobre los materiales encontrados en la capa más superficial sugieren una antigüedad de aproximadamente 3.000 a 5.000 años. Sin embargo, las pruebas realizadas en capas más profundas han arrojado fechas extremadamente sorprendentes, que indican que las partes más antiguas podrían tener entre 10.000 y 20.000 años de antigüedad. Si esto es cierto, el monumento sería anterior al fin de la última Edad de Hielo, lo que plantea preguntas profundas sobre quiénes construyeron esta estructura y cómo lograron organizar un proyecto de tal magnitud en una era donde se cree que los humanos vivían en pequeñas comunidades nómadas y no habían desarrollado la agricultura o la arquitectura avanzada.

Las teorías sobre el propósito del monumento varían ampliamente. Algunos arqueólogos sugieren que Gunung Padang pudo haber sido un centro ceremonial o religioso, un lugar sagrado donde se realizaban rituales para los dioses o los ancestros. Esta hipótesis se basa en la disposición de las terrazas, que parecen haber sido diseñadas para facilitar grandes reuniones de personas, con amplias plataformas que permiten la observación del horizonte y del cielo nocturno. Además, algunos investigadores han señalado que el sitio tiene alineaciones astronómicas significativas, lo que sugiere que pudo haber funcionado como un observatorio para seguir los movimientos de las estrellas y los ciclos solares y lunares.

Otra línea de investigación ha explorado la posibilidad de que Gunung Padang tenga un propósito más funcional. Algunos estudiosos creen que el monumento podría haber servido como una especie de fortaleza o refugio, dada su ubicación estratégica y la solidez de su construcción. La posición elevada de la colina proporciona una vista panorámica de los alrededores, lo que habría permitido a sus habitantes vigilar el territorio circundante y protegerse contra posibles invasores. Sin embargo, esta teoría ha perdido fuerza, ya que no se han encontrado restos de murallas defensivas ni otras características típicas de los asentamientos fortificados.

En los últimos años, la estructura de Gunung Padang ha sido objeto de estudios geológicos que han revelado aún más misterios. Mediante el uso de radar de penetración de suelo (GPR), sismografía y tomografía eléctrica, los investigadores han descubierto lo que parecen ser cámaras y túneles ocultos bajo la superficie. Estas cavidades, que se encuentran a profundidades de hasta 15 metros, podrían ser restos de una construcción aún más antigua, lo que implicaría que el sitio ha sido utilizado y remodelado por múltiples culturas a lo largo de milenios. Algunos investigadores han sugerido que estas cámaras podrían contener artefactos o restos de las civilizaciones que construyeron el monumento, pero hasta ahora, las excavaciones no han avanzado lo suficiente para confirmar estas teorías.

La controversia también ha estado presente en torno a las investigaciones en Gunung Padang, en gran parte debido a la postura de algunos científicos que han propuesto fechas extremas para la construcción del monumento y han planteado teorías sobre civilizaciones perdidas. Danny Hilman Natawidjaja, un geólogo indonesio que ha liderado gran parte de las investigaciones recientes, sostiene que la estructura tiene raíces que se remontan al menos a 20.000 años, lo que sugeriría la existencia de una civilización avanzada desconocida que precedió a todas las culturas conocidas. Esta afirmación ha sido recibida con escepticismo por la comunidad académica, que la considera especulativa y basada en pruebas insuficientes. No obstante, Natawidjaja y su equipo han continuado defendiendo sus conclusiones, señalando que los datos geológicos y las pruebas de radiocarbono apuntan claramente a una antigüedad mucho mayor de lo que se había asumido.

El monumento de Gunung Padang ha sido comparado con otros sitios antiguos y misteriosos alrededor del mundo, como Göbekli Tepe en Turquía, otra estructura megalítica que desafía las cronologías tradicionales de la civilización humana. Ambos sitios parecen indicar la existencia de conocimientos arquitectónicos y sociales avanzados en una época donde se pensaba que los humanos aún no habían desarrollado tales capacidades. La implicación de esto es profunda: si Gunung Padang es realmente tan antiguo como sugieren algunos estudios, podría ser la evidencia de una civilización desconocida que fue capaz de realizar construcciones monumentales mucho antes de lo que la historia oficial permite.

El debate sobre Gunung Padang sigue abierto, y el sitio continúa atrayendo tanto a académicos serios como a investigadores alternativos. Para muchos, representa un desafío fascinante a nuestra comprensión del pasado humano y un recordatorio de que, a pesar de todos nuestros avances, aún hay misterios enterrados bajo el suelo esperando ser descubiertos. A medida que la tecnología de exploración avanza y se permite la realización de más excavaciones, es posible que algún día obtengamos respuestas más claras sobre quién construyó este monumento y por qué. Hasta entonces, Gunung Padang permanece como un enigma monumental, una pirámide de preguntas que se eleva sobre el paisaje de la historia humana, oculta tras el velo de las eras perdidas.

Misterios y Artefactos Prehistóricos

Objetos encontrados en contextos prehistóricos que no encajan con lo que se sabe sobre las capacidades de las civilizaciones de esa época.

Las Tuberías de Baigong

Diferentes imágenes de las tuberías de Baigong. Fuente: Wikipedia

En el árido desierto de Qinghai, al noroeste de China, se encuentra el enigmático Monte Baigong, un lugar envuelto en leyendas antiguas y misterios que han desconcertado a investigadores y curiosos por igual. Es en este paisaje inhóspito, donde el cielo parece encontrarse con la tierra, que se encuentran los restos de lo que podrían ser los vestigios de una tecnología inexplicable: las Tuberías de Baigong. Estas estructuras subterráneas, compuestas de tubos metálicos incrustados en la roca, se han convertido en un fenómeno que ha desafiado tanto a científicos como a arqueólogos, planteando preguntas sobre el pasado de nuestro planeta y la posibilidad de civilizaciones tecnológicamente avanzadas mucho antes de lo que la historia oficial reconoce.

El hallazgo de estas tuberías fue reportado por primera vez a principios del siglo XX, cuando exploradores locales, en busca de minerales y recursos en la región, notaron algo peculiar en las laderas del monte. Pequeños fragmentos de lo que parecían ser tuberías oxidadas sobresalían del suelo, y a medida que comenzaron a excavar, descubrieron una compleja red de tuberías que se extendía tanto horizontal como verticalmente, penetrando en el interior de la montaña. Lo que más sorprendió a los descubridores fue que estas tuberías parecían haber sido instaladas con una precisión y tecnología que no debería haber existido en tiempos prehistóricos.

Las primeras expediciones oficiales al sitio se llevaron a cabo en la década de 1930, dirigidas por un grupo de arqueólogos chinos. El equipo encontró tuberías de diferentes diámetros, algunas tan grandes como 40 centímetros de ancho, incrustadas en las rocas y extendiéndose a lo largo de decenas de metros. Al analizar la composición de estas tuberías, los científicos se encontraron con un enigma aún mayor: estaban hechas de una aleación de hierro y otros metales, incluyendo óxido de calcio y dióxido de silicio. Esta mezcla no solo indicaba un proceso de fabricación complejo, sino que también incluía elementos que sugerían un envejecimiento de al menos 150,000 años, mucho antes de que la humanidad hubiera desarrollado las herramientas y conocimientos necesarios para trabajar con metales.

La ubicación de las tuberías también es desconcertante. Cerca del Lago Toson, a los pies del Monte Baigong, se encuentran tres cuevas que parecen haber sido excavadas artificialmente. En estas cuevas se observan tuberías adicionales que se adentran en las paredes de roca y desaparecen en el subsuelo, como si formaran parte de un antiguo sistema de suministro o drenaje. Sin embargo, las teorías tradicionales sobre su propósito han sido difíciles de probar debido a la extrema antigüedad y el aislamiento del sitio.

La teoría más popular es que estas tuberías son un remanente de una antigua civilización perdida, posiblemente anterior a la humanidad conocida. Algunos sugieren que esta civilización, que podría haberse desarrollado hace decenas de miles de años, habría alcanzado un nivel de tecnología avanzado antes de desaparecer sin dejar rastro, dejando atrás solo estos vestigios inexplicables. Esta idea ha llevado a especulaciones sobre la posibilidad de que esta cultura avanzada fuera la responsable de otras construcciones anómalas encontradas alrededor del mundo, como las Pirámides de Egipto o los Moáis de la Isla de Pascua, que también desafían explicaciones convencionales.

En 2002, el gobierno chino envió una expedición al sitio para investigar las tuberías de Baigong con métodos científicos modernos. Los análisis de laboratorio confirmaron que las tuberías contienen un alto porcentaje de hierro, además de trazas de calcio y sílice, elementos que se encuentran comúnmente en materiales que han estado expuestos a procesos de fundición. Pero lo más sorprendente fue el descubrimiento de minerales inusuales que solo se forman bajo condiciones extremas de calor y presión, lo que sugiere un proceso de fabricación artificial avanzado. Algunos investigadores propusieron que las tuberías podrían haber sido hechas con una tecnología similar a la de la fundición de hierro moderna, algo impensable para cualquier cultura conocida hace más de 150,000 años.

Sin embargo, no todos aceptan la teoría de la antigua civilización tecnológica. Los geólogos han ofrecido una explicación alternativa, sugiriendo que las tuberías de Baigong podrían ser un fenómeno natural conocido como formaciones de concreción ferruginosa. Según esta teoría, los minerales de hierro habrían sido depositados en fisuras de la roca por aguas subterráneas ricas en minerales, solidificándose con el tiempo para formar estructuras que parecen tuberías. Esta explicación, aunque plausible, no logra convencer a todos los expertos, especialmente debido a la forma regular y la disposición organizada de las tuberías, que no se asemejan a formaciones naturales conocidas.

Otra teoría que ha ganado popularidad en los círculos más especulativos es la de los antiguos astronautas. Los defensores de esta hipótesis creen que las tuberías de Baigong son el remanente de una tecnología alienígena, posiblemente parte de una base subterránea construida por seres extraterrestres que visitaron la Tierra en el pasado distante. Según esta visión, el Monte Baigong podría haber servido como un punto de contacto entre estos visitantes y las culturas primitivas de la región, que habrían interpretado la presencia de estas estructuras como un signo de los dioses.

Esta teoría ha sido alimentada por relatos antiguos de la región que hablan de "seres celestiales" y "carros de fuego" que descendían del cielo, así como por la falta de explicaciones satisfactorias sobre la función y origen de las tuberías. Los partidarios de la hipótesis extraterrestre argumentan que la precisión y extensión de las tuberías sugieren un conocimiento avanzado de ingeniería que va más allá de lo que los humanos de la época podrían haber logrado, incluso si existiera una civilización avanzada anterior a la nuestra.

El misterio de las tuberías de Baigong se ve acentuado por la lejanía y dificultad de acceso al sitio. El área es una región desértica inhóspita, situada a una gran altitud, donde las condiciones climáticas extremas dificultan la realización de investigaciones prolongadas. Además, las excavaciones han sido limitadas debido a preocupaciones ambientales y a la falta de recursos para llevar a cabo estudios arqueológicos exhaustivos. Como resultado, gran parte del sistema de tuberías permanece sin explorar, ocultando potencialmente más secretos bajo la superficie del desierto.

Hasta la fecha, el debate sobre el origen y propósito de las tuberías de Baigong sigue sin resolverse. Mientras que algunos investigadores continúan apoyando teorías más convencionales, otros están convencidos de que estas estructuras son la prueba de un pasado olvidado, de una humanidad perdida o de visitas extraterrestres que han quedado grabadas en la roca. La posibilidad de que estas tuberías sean el remanente de una tecnología antigua, ya sea humana o alienígena, nos obliga a replantearnos nuestras nociones sobre la historia y las capacidades de las civilizaciones que pudieron haber existido en nuestro planeta.

En este capítulo, hemos explorado uno de los enigmas más desconcertantes de nuestro tiempo: unas tuberías oxidadas que atraviesan la roca de una montaña, situadas en un lugar remoto del mundo, y cuya existencia desafía las explicaciones convencionales.

Tal vez nunca sabremos con certeza quién las construyó o para qué servían, pero su presencia es un testimonio silencioso de que aún existen muchos secretos enterrados en la Tierra, esperando ser desenterrados y revelados a quienes se atreven a investigar lo desconocido.

Los extraños objetos encontrados en Glozel

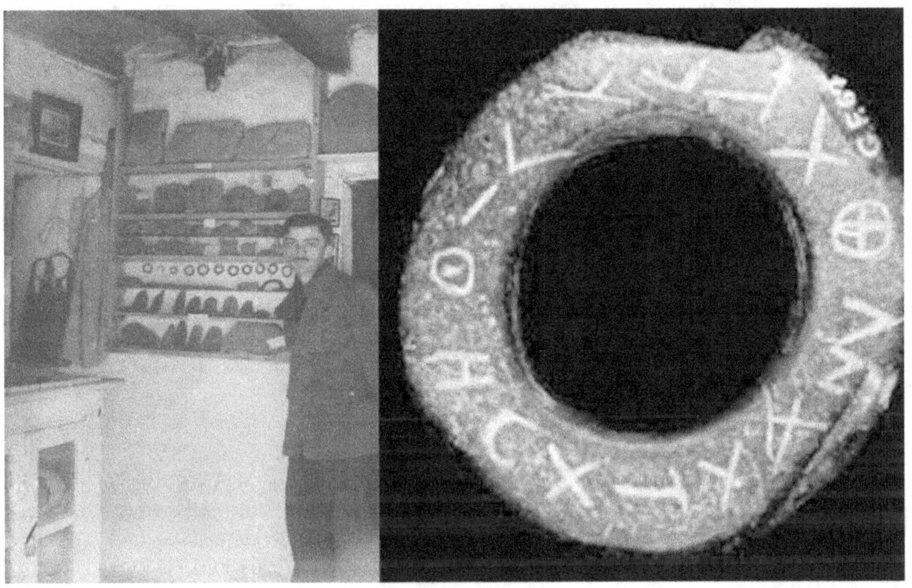

Emile Fradin en el museo de Glozel junto a las tablillas y detalle de las llamadas "ruedas". Fuente: Wikipedia

En los profundos campos de Glozel, una aldea rural en el corazón de Francia, yacía un misterio que desafiaría la comprensión de los arqueólogos y científicos durante generaciones. En 1924, el hallazgo fortuito de una cueva oculta por parte de un joven agricultor llamado Émile Fradin y su abuelo desató una controversia que persiste hasta el día de hoy. Lo que inicialmente parecía ser una simple excavación agrícola terminó por revelar artefactos extraordinarios: entre ellos, las enigmáticas ruedas de Glozel y una serie de tablillas de cerámica, ambos hallazgos envueltos en un halo de misterio que continuó dividiendo a la comunidad científica.

Las ruedas, hechas de cerámica rojiza y con un agujero central perfectamente perforado, capturaron rápidamente la imaginación del público. Algunas de ellas estaban decoradas con inscripciones y símbolos que no coincidían con ninguna escritura conocida. Su forma circular sugería, a simple vista, un uso utilitario — tal vez como ruedas para vehículos o herramientas agrícolas. Sin embargo, el diseño meticuloso y las inscripciones ambiguas indicaban algo diferente. ¿Podrían estas piezas ser rituales, amuletos o talismanes? La falta de evidencia concreta sobre su propósito convirtió las ruedas de Glozel en un enigma aún mayor. Algunos estudiosos propusieron que podrían ser símbolos de poder o elementos de ceremonias religiosas, pero la verdad seguía siendo esquiva.

En paralelo a las ruedas, otro descubrimiento igualmente desconcertante emergió de las tierras de Glozel: las tablillas de cerámica. Estas piezas, más de 3,000 en total, estaban cubiertas con extraños símbolos grabados en la superficie de la cerámica y, en algunos casos, en hueso o piedra. Las inscripciones, una mezcla de signos proto-escriturales y glifos estilizados, no podían ser asociadas con ninguna escritura conocida, lo que llevó a especulaciones sobre un sistema de comunicación prehistórico olvidado o incluso sobre un contacto con civilizaciones avanzadas. Las teorías acerca de estas tablillas iban desde la existencia de una lengua local perdida hasta la posibilidad de que representaran los orígenes de alfabetos antiguos, como el fenicio o el ibérico.

Ambos hallazgos fueron inmediatamente objeto de un intenso debate. ¿Eran estos artefactos una prueba de una civilización avanzada en Europa mucho antes de la llegada de los romanos? ¿O eran, como sugerían algunos escépticos, un elaborado fraude? El sitio de Glozel fue rápidamente atacado por los detractores que acusaban a Fradin de haber creado falsificaciones para obtener fama y ganancias. Las inconsistencias en los métodos de excavación y la falta de pruebas claras de la autenticidad de los objetos alimentaron las sospechas. Además, los resultados de las pruebas de datación, especialmente el radiocarbono, no coincidían entre sí, lo que provocó aún más dudas sobre la antigüedad de los hallazgos.

Las ruedas de Glozel y las tablillas compartían un destino común: eran artefactos fuera de lugar. Las dataciones fluctuaban entre los 5,000 y los 12,000 años de antigüedad, lo que colocaba los objetos en un intervalo de tiempo que no se alineaba con ninguna cultura prehistórica conocida. Algunos intentaron conectar los símbolos de las ruedas y las tablillas con sistemas de escritura antiguos, pero ninguna de las comparaciones ofreció resultados concluyentes. Las inscripciones en las ruedas, por ejemplo, eran tan únicas que desafiaban cualquier intento de correlación con escrituras antiguas como las del mundo ibérico o etrusco. La singularidad de los símbolos, sumada a su contexto arqueológico ambiguo, ofrecía pocas pistas definitivas.

La controversia alcanzó su punto álgido en las décadas siguientes, cuando las pruebas más modernas como la termoluminiscencia comenzaron a sugerir que al menos parte de los objetos podrían ser genuinamente antiguos. Sin embargo, los símbolos continuaban siendo indescifrables, y el misterio de Glozel seguía sin resolución. Las teorías sobre una civilización perdida cobraron fuerza entre aquellos que creían en la autenticidad de los artefactos, mientras que los escépticos mantenían su postura de fraude, apoyándose en la falta de pruebas claras y las inconsistencias en los métodos de excavación.

Hoy en día, las ruedas de Glozel y las tablillas siguen siendo símbolos de lo desconocido. El pequeño museo de Glozel alberga estos artefactos, desafiando a los visitantes a enfrentarse a los misterios del pasado. A pesar de los avances en las técnicas de datación, las inscripciones siguen siendo un acertijo sin resolver. Mientras los estudios continúan, los artefactos de Glozel persisten, desafiando nuestras ideas sobre el origen y la evolución de la humanidad.

Los peines de Shigir

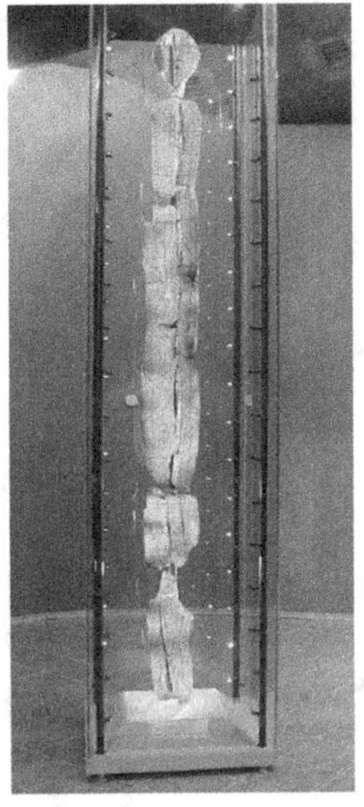

Ídolo de Shigir, hallado en la misma excavación que los peines. Fuente: Wikipedia

En las profundidades de los pantanos de Shigir, situados en la región de los Urales, se halló uno de los descubrimientos más antiguos y fascinantes de la prehistoria: los peines de Shigir. Este hallazgo forma parte de un conjunto arqueológico mayor, conocido como el Tesoro de Shigir, encontrado por accidente a finales del siglo XIX, cuando se extraía turba en los alrededores del lago Shigir. Entre los numerosos objetos recuperados, los peines destacaron por su diseño y por los símbolos tallados, una mezcla de utilidad y arte que se remonta a un pasado remoto, ofreciendo una ventana inesperada a la vida y creencias de los antiguos habitantes de la zona.

El descubrimiento de los peines de Shigir fue realizado en 1894 por mineros locales, quienes inicialmente no comprendieron el valor de lo que habían hallado. Dentro de una capa profunda de turba, a más de cuatro metros bajo tierra, comenzaron a surgir objetos inusuales, incluyendo figuras talladas en madera, puntas de lanza y herramientas, pero fueron los peines los que más intriga causaron. Hechos de madera de pino y abeto, los peines estaban notablemente bien conservados gracias al ambiente anóxico de la turba, que impidió su descomposición a lo largo de milenios. La datación por radiocarbono realizada posteriormente reveló que estos objetos tienen una antigüedad de entre 8.000 y 10.000 años, lo que los sitúa en el período Mesolítico, una era de transición entre los estilos de vida de cazadores-recolectores y los primeros asentamientos sedentarios.

La forma de los peines de Shigir es sorprendentemente moderna, con dientes finamente tallados y una estructura que evidencia habilidad y precisión. Aunque a primera vista podrían parecer simples utensilios de cuidado personal, se ha especulado que su propósito iba mucho más allá. Los investigadores sugieren que estos peines eran símbolos de estatus o utilizados en rituales. La presencia de grabados geométricos y símbolos abstractos en los mangos apunta a un uso ceremonial o espiritual, posiblemente vinculados a prácticas chamánicas. Los patrones tallados en los peines han sido objeto de intenso estudio, ya que podrían representar un tipo de escritura primitiva o código simbólico, una manifestación temprana del pensamiento abstracto y la comunicación simbólica.

El contexto en el que fueron hallados los peines de Shigir también es digno de mención. Los pantanos de Shigir, una vasta extensión de terreno pantanoso en los Urales, eran considerados un lugar sagrado por las culturas prehistóricas. Se ha teorizado que estas áreas actuaban como portales entre el mundo de los vivos y el de los muertos, donde los objetos ceremoniales eran depositados como ofrendas para los espíritus o los dioses. Este tipo de práctica es común en muchas culturas prehistóricas de Europa, donde se han encontrado artefactos valiosos depositados en lagos, ríos y pantanos, indicando una conexión espiritual con el agua como fuente de vida y como símbolo de la transición al más allá.

Los estudios modernos sobre los peines de Shigir se han visto enriquecidos por el análisis de las inscripciones presentes en algunos de los objetos. Utilizando microscopía avanzada y técnicas de modelado 3D, los investigadores han identificado patrones y símbolos que no coinciden con ningún lenguaje conocido, lo que ha llevado a especular sobre su significado. Algunas teorías sugieren que los símbolos representan elementos de la naturaleza, como olas, montañas y árboles, formando parte de un sistema simbólico complejo que transmitía conocimiento espiritual o cosmológico. Otras interpretaciones, más especulativas, sugieren que los símbolos podrían ser parte de una escritura primitiva, un precursor de las primeras formas de escritura cuneiforme que aparecerían miles de años después en Mesopotamia.

El hallazgo de los peines de Shigir, junto con otros artefactos del Tesoro de Shigir, ha generado un debate considerable sobre el nivel de desarrollo cultural y artístico de las sociedades mesolíticas de los Urales. Tradicionalmente, se ha asumido que las sociedades de cazadores-recolectores de esta época eran primitivas en comparación con las civilizaciones agrícolas que surgirían más tarde. Sin embargo, los peines de Shigir, con sus inscripciones y diseño sofisticado, sugieren una complejidad cultural inesperada, indicando que estos grupos humanos poseían un conocimiento avanzado de los materiales y un sentido del arte y la simbolismo mucho más desarrollado de lo que se pensaba.

La conservación y estudio de los peines de Shigir han sido una tarea complicada debido a la fragilidad de la madera, que ha requerido técnicas avanzadas para su estabilización. Estos objetos se encuentran ahora en el Museo Histórico de Yekaterimburgo, donde están expuestos junto a otras piezas del Tesoro de Shigir, como la icónica Estatua de Shigir, una figura totémica de madera que es uno de los ejemplos más antiguos de escultura ritual del mundo. La estatua, con su expresión enigmática y sus patrones tallados, parece compartir elementos estilísticos con los peines, lo que sugiere que formaban parte de una misma tradición cultural.

El misterio de los peines de Shigir sigue sin resolverse por completo. A medida que se desarrollan nuevas técnicas analíticas, como el análisis de ADN antiguo y la datación mejorada por radiocarbono, los investigadores esperan arrojar más luz sobre quiénes fueron los artesanos que los crearon y qué función desempeñaban estos objetos en su sociedad. Por ahora, los peines de Shigir permanecen como un enigma, una ventana a una era de la humanidad de la que sabemos muy poco. Representan no solo la habilidad técnica y artística de una cultura perdida, sino también la profundidad del pensamiento espiritual de nuestros ancestros, una evidencia de que incluso en los albores de la civilización, el ser humano ya buscaba representar y conectar con el mundo que lo rodeaba a través del arte y el símbolo.

El estudio continuo de estos artefactos desafía nuestra comprensión de la prehistoria y nos obliga a reconsiderar las narrativas simplistas sobre el desarrollo humano. Los peines de Shigir, al igual que otros objetos del Tesoro de Shigir, nos recuerdan que el pasado aún guarda secretos profundos y que las culturas antiguas eran mucho más complejas y sofisticadas de lo que nos atrevíamos a imaginar.

El petroglifo de Sego Canyon

Petroglifo de Sego Canyon. Fuente: Wikipedia

Enclavado en el corazón del desierto de Utah, en Estados Unidos, Sego Canyon es el hogar de algunos de los petroglifos y pictografías más enigmáticos del mundo, vestigios de antiguas civilizaciones que dejaron su huella en las paredes rocosas del cañón hace miles de años. Este lugar, oculto entre formaciones de arenisca y aislado del bullicio moderno, alberga un testimonio visual de los pueblos ancestrales que habitaban la región, y su arte rupestre ha desconcertado a arqueólogos e historiadores durante décadas. Entre estos grabados y pinturas, el petroglifo conocido como "El Ser de Sego Canyon" destaca por su tamaño, detalles y extrañas figuras que desafían las interpretaciones convencionales.

El arte rupestre de Sego Canyon abarca miles de años de historia, con representaciones que se atribuyen a diversas culturas nativas americanas, desde la Cultura Arcaica (2000 a.C.) hasta los Fremont (600-1300 d.C.) y los Ute (1300-1880 d.C.). Cada grupo dejó su marca característica, desde grabados abstractos y geométricos hasta representaciones detalladas de figuras antropomorfas y escenas rituales. Sin embargo, el petroglifo de Sego Canyon es famoso por la serie de figuras humanoides que parecen ir más allá de una simple representación artística. Estas figuras, pintadas en tonos rojos, ocres y negros, muestran cuerpos alargados y cabezas desproporcionadas, algunas de ellas sin rasgos faciales, mientras que otras presentan ojos grandes y prominentes, rodeadas por patrones complejos de líneas y puntos que sugieren halos o coronas.

El Ser de Sego Canyon, en particular, ha generado múltiples teorías debido a su aspecto inusual. Esta figura antropomorfa mide casi dos metros de altura y se distingue por su cabeza ovalada y su cuerpo estilizado, con brazos extendidos y una postura que parece denotar poder o autoridad. A su alrededor, otras figuras parecen estar en actitud de reverencia o subordinación. El misterio radica en los detalles: la cabeza de la figura principal no tiene boca ni nariz visible, y sus ojos son enormes y redondos, dándole una apariencia extraña y alienígena. Para algunos investigadores, esta representación podría ser un chamán o líder espiritual en trance, mientras que otros han sugerido que podría ser una deidad o espíritu asociado con el inframundo.

Los estudios arqueológicos han intentado desentrañar el significado detrás de estos petroglifos a través del análisis de pigmentos y técnicas de datación. Las pictografías más antiguas, pertenecientes a la Cultura Arcaica, fueron pintadas usando pigmentos naturales extraídos de minerales como la hematita, lo que les confiere su característico color rojo. Los análisis de radiocarbono de estos pigmentos sugieren que las pinturas podrían tener más de 6.000 años de antigüedad, lo que las convierte en una de las formas más antiguas de arte rupestre en América del Norte. Sin embargo, la datación precisa de estos petroglifos sigue siendo un desafío debido a la degradación natural y la dificultad para acceder a capas de pigmento sin dañar la obra.

El significado de estas figuras ha sido objeto de intenso debate entre los expertos. Algunos arqueólogos interpretan los petroglifos como representaciones de seres espirituales, relacionados con prácticas chamánicas que incluían el uso de plantas alucinógenas para inducir estados de trance. Según esta teoría, los chamanes podrían haber visualizado a estas entidades durante sus visiones y luego las plasmaron en las paredes del cañón como parte de un ritual. Los patrones geométricos y las formas abstractas que rodean a las figuras podrían representar el estado alterado de conciencia o el mundo espiritual al que accedían los chamanes durante sus ceremonias.

Otra interpretación sugiere que los petroglifos reflejan un sistema de creencias complejas que incluía mitos sobre dioses y héroes ancestrales. Las figuras humanoides podrían ser representaciones de estos seres mitológicos, cuyas historias se transmitían oralmente a través de generaciones. En esta narrativa, el Ser de Sego Canyon podría ser un símbolo de poder y protección, una deidad que los habitantes prehistóricos del cañón invocaban para garantizar la caza, la fertilidad o la seguridad de la tribu. Los Ute, una de las culturas posteriores que habitaron la región, incorporaron algunos de estos petroglifos a sus propias tradiciones, lo que indica que las figuras eran reverenciadas incluso siglos después de haber sido creadas.

Sin embargo, no todos están de acuerdo con estas interpretaciones. A lo largo de los años, el petroglifo ha atraído la atención de los teóricos de los antiguos astronautas, quienes sostienen que las figuras humanoides representan encuentros con seres de otros mundos. Para ellos, los ojos desproporcionados y la ausencia de rasgos faciales son características que recuerdan a los "grises", una de las razas alienígenas populares en la ufología. Esta teoría, aunque considerada pseudociencia por la mayoría de los arqueólogos, ha ganado seguidores debido al aspecto inusual y fuera de lo común de las figuras. Según estos teóricos, el petroglifo de Sego Canyon es una prueba de que los pueblos antiguos tuvieron contacto con visitantes extraterrestres, y las pinturas son un intento de documentar esa experiencia.

El entorno en el que se encuentran los petroglifos también añade al misterio. El desierto de Utah es un lugar inhóspito, con paisajes que parecen de otro mundo, formaciones rocosas que desafían la imaginación y un cielo nocturno que se extiende hasta el infinito. Para las culturas que habitaron la región, este entorno debió parecer un lugar sagrado, una tierra liminal entre el mundo humano y el mundo de los espíritus. No es de extrañar que eligieran estas paredes para dejar sus marcas, plasmando historias que reflejan sus creencias, sus miedos y sus visiones del cosmos.

Hoy en día, Sego Canyon es un sitio protegido, aunque su aislamiento hace que sea vulnerable al vandalismo. Los visitantes modernos acuden atraídos por la belleza natural y la atmósfera mística del lugar, pero también por el deseo de desentrañar los secretos que estas figuras encierran. Los petroglifos de Sego Canyon siguen siendo un enigma, una obra de arte que se resiste a ser completamente entendida. Quizás, como sugieren algunos, nunca conoceremos el verdadero significado detrás de estas figuras, y es posible que permanezcan como un recordatorio tangible de una época en la que el arte y la espiritualidad estaban intrínsecamente ligados, un eco de un pasado remoto donde la frontera entre lo humano y lo divino era difusa y permeable.

Las tablillas de Tărtăria

Detalle de las tablillas de Tărtăria. Fuente: Wikipedia

En las llanuras de Transilvania, en el actual territorio de Rumanía, yace un pequeño asentamiento neolítico que, en 1961, se convirtió en el epicentro de uno de los descubrimientos arqueológicos más sorprendentes y polémicos del siglo XX. Se trata de las tablillas de Tărtăria, un conjunto de tres pequeñas piezas de arcilla cocida que han desconcertado a los investigadores por sus inscripciones y su aparente antigüedad. Este hallazgo, realizado por el arqueólogo rumano Nicolae Vlassa, desató un acalorado debate sobre los orígenes de la escritura y el desarrollo de las primeras civilizaciones. Las tablillas, que datan de al menos 5.500 a.C., son anteriores a las primeras escrituras conocidas en Mesopotamia, lo que ha llevado a algunos a preguntarse si Europa Central podría haber sido el hogar de un sistema de escritura protoliteraria desconocido hasta entonces.

Las tablillas fueron encontradas en el yacimiento de Tărtăria, una aldea que pertenecía a la cultura de Vinča, una civilización neolítica que floreció entre el 6.000 y el 4.000 a.C. en lo que hoy es Serbia, Hungría, Rumanía y Bulgaria. La cultura de Vinča es conocida por sus avances en la agricultura, la cerámica y la metalurgia, pero sobre todo por sus misteriosos símbolos grabados en diversos artefactos, conocidos como los signos de Vinča. Las tablillas de Tărtăria parecen ser una extensión de estos signos, pero son mucho más complejas, lo que sugiere un posible sistema de escritura que antecede al cuneiforme sumerio y a los jeroglíficos egipcios, considerados tradicionalmente como las primeras formas de escritura.

Cada una de las tres tablillas es distinta en forma y diseño. La primera es rectangular y contiene una serie de líneas y símbolos que se asemejan a una rudimentaria escritura pictográfica. La segunda es redonda y presenta lo que parecen ser figuras humanas o humanoides, quizás en un contexto ritual o religioso. La tercera, también rectangular, muestra una combinación de signos lineales y puntos, dispuestos de manera organizada, como si formaran parte de un mensaje o registro contable. Estos símbolos, aunque enigmáticos, parecen tener similitudes con otros signos encontrados en objetos de la cultura de Vinča, lo que ha llevado a algunos investigadores a especular que podrían ser un temprano sistema de contabilidad o incluso una forma primitiva de escritura.

El contexto del hallazgo también es significativo. Las tablillas fueron descubiertas junto a un esqueleto humano, así como diversos objetos rituales, lo que sugiere que pudieron haber tenido un propósito ceremonial o religioso. Algunos expertos creen que las tablillas podrían haber sido ofrendas a los dioses, utilizadas en rituales de fertilidad o para invocar protección divina. La presencia de huesos humanos quemados y artefactos de cerámica rota indica que el entierro podría haber estado relacionado con prácticas chamánicas o rituales de sacrificio, lo que añade un aura de misticismo al descubrimiento.

La datación de las tablillas de Tărtăria ha sido un tema de controversia. Los análisis iniciales de radiocarbono sugieren que podrían datar de aproximadamente 5.500 a.C., lo que las haría contemporáneas con los primeros asentamientos neolíticos de la región. Sin embargo, esta datación ha sido cuestionada, ya que algunos críticos argumentan que los métodos empleados podrían haber sido influenciados por la contaminación de la muestra. A pesar de estas dudas, muchos arqueólogos aceptan la antigüedad aproximada de las tablillas, lo que las convierte en uno de los artefactos más antiguos que contienen signos grabados, precediendo a las escrituras conocidas de Mesopotamia por más de mil años.

El significado y la función de los signos grabados en las tablillas han generado una intensa especulación. Para algunos, estos símbolos representan una forma temprana de escritura protoliteraria, una hipótesis apoyada por la similitud con los signos de Vinča. Los defensores de esta teoría creen que la cultura de Vinča podría haber desarrollado un sistema de notación o escritura independiente, utilizado para registrar eventos importantes, transacciones comerciales o rituales religiosos. Otros investigadores, sin embargo, sugieren que los signos no constituyen escritura en el sentido estricto, sino que son símbolos rituales o marcas de propiedad.

El debate sobre las tablillas de Tărtăria se ha intensificado debido a su impacto potencial en la comprensión de los orígenes de la escritura. Si se acepta que las tablillas contienen escritura, esto implicaría que la primera forma de escritura no surgió en Mesopotamia, sino en Europa Central, mucho antes de lo que se pensaba. Esta posibilidad ha sido rechazada por algunos académicos que consideran que la escritura solo pudo haber surgido en sociedades altamente organizadas y urbanizadas como las de Sumer o Egipto. Sin embargo, los hallazgos de Tărtăria desafían esta noción, sugiriendo que las sociedades neolíticas podían haber desarrollado sistemas complejos de notación mucho antes de la aparición de las ciudades-estado.

Otra teoría controvertida es la de los contactos culturales entre la cultura de Vinča y las primeras civilizaciones mesopotámicas. Algunos estudiosos han propuesto que podría haber existido un intercambio de ideas y símbolos a través de rutas comerciales primitivas que conectaban Europa y Asia Menor, lo que explicaría las similitudes entre los signos de Vinča y las primeras inscripciones sumerias. Esta hipótesis, aunque intrigante, carece de evidencia sólida y sigue siendo objeto de debate.

El misterio de las tablillas de Tărtăria continúa fascinando tanto a arqueólogos como a aficionados, y el yacimiento sigue siendo objeto de estudios y excavaciones. Aunque se han propuesto numerosas teorías, aún no existe consenso sobre el propósito exacto de las tablillas ni sobre el significado de sus inscripciones. ¿Podrían estas pequeñas piezas de arcilla ser el testimonio de una civilización olvidada que desarrolló la escritura de forma independiente? ¿O son simplemente símbolos rituales, parte de un sistema de creencias más amplio y complejo? Hasta que nuevas evidencias arrojen más luz sobre el enigma, las tablillas de Tărtăria permanecerán como uno de los OOPARTs más desconcertantes, una pieza clave en el intrincado rompecabezas de la prehistoria europea.

7. Artefactos con Inscripciones o Escrituras Desconocidas

Objetos que presentan inscripciones que aún no han sido descifradas, lo que ha desconcertado a investigadores y arqueólogos.

La Fuente Magna

Detallle de la Fuente Magna expuesta en el Museo de metales preciosos "Museo de Oro" en La Paz, Bolivia. Fuente: Wikipedia

En los vastos altiplanos de Bolivia, donde la historia de antiguas culturas parece mezclarse con el paisaje desértico, se esconde uno de los objetos más desconcertantes del mundo arqueológico: la Fuente Magna, también conocida como el "Vaso de la Fuente Magna" o la "Piedra Rosetta de América". Este peculiar artefacto, hallado cerca del lago Titicaca a finales del siglo XX, ha desconcertado a historiadores, lingüistas y arqueólogos debido a las inscripciones grabadas en su superficie, las cuales parecen mezclar símbolos sumerios y proto-sumerios con escrituras locales desconocidas. Este hecho desafía las nociones convencionales sobre el desarrollo aislado de las civilizaciones antiguas y ha dado lugar a una avalancha de teorías sobre contactos transoceánicos, intercambios culturales inesperados e incluso una civilización perdida en los Andes.

La Fuente Magna es un recipiente de gran tamaño, con una forma que recuerda a una gran fuente o cuenco ceremonial. Fabricado en piedra pulida, su exterior es relativamente sencillo, pero el verdadero misterio se encuentra en su interior, donde aparecen talladas una serie de inscripciones complejas. La superficie interior del cuenco presenta dos tipos distintos de escritura: una fila de símbolos que parecen corresponder al antiguo idioma cuneiforme sumerio y, más abajo, una serie de caracteres similares a los signos proto-sumerios, mezclados con lo que algunos creen ser iconografía perteneciente a culturas precolombinas andinas, como la Tiwanaku.

El descubrimiento del objeto es tan misterioso como su contenido. Según se informa, la Fuente Magna fue encontrada en la década de 1950 o 1960 por un agricultor local en las cercanías del lago Titicaca, específicamente en la zona de Chua, a unos 80 kilómetros de La Paz. Sin embargo, no fue hasta la década de 1970 que el artefacto salió a la luz pública, cuando el coleccionista e investigador boliviano Max Portugal Zamora tomó interés en él. Inicialmente, la Fuente Magna fue tratada como una curiosidad, una pieza de arte local, hasta que algunos investigadores comenzaron a notar la similitud de las inscripciones con escrituras del antiguo Medio Oriente, especialmente con las de Sumeria.

El análisis lingüístico de las inscripciones ha sido una tarea compleja y llena de controversias. Algunos expertos en escrituras antiguas, como el epigrafista Clyde Winters, han sostenido que la escritura en la Fuente Magna muestra claros signos del idioma cuneiforme utilizado por los sumerios, lo que sugiere un posible contacto entre las antiguas culturas andinas y las civilizaciones del Medio Oriente. Winters propuso que los caracteres podrían representar una forma temprana de escritura proto-sumeria, lo que indicaría una datación que podría remontarse hasta el 3.000 a.C. o incluso antes. Si esta interpretación fuera correcta, la Fuente Magna sería una prueba extraordinaria de contactos transoceánicos miles de años antes de la llegada de los europeos a América.

Por otro lado, algunos investigadores han argumentado que las inscripciones podrían ser un ejemplo temprano de la escritura andina, posiblemente relacionada con la iconografía de la cultura Tiwanaku, que floreció alrededor del lago Titicaca entre el 1.500 a.C. y el 1.000 d.C. Esta civilización, conocida por sus avanzadas técnicas agrícolas y su arquitectura monumental, dejó numerosos objetos de piedra tallada que muestran una iconografía compleja y a menudo simbólica. Sin embargo, hasta ahora no se ha identificado una escritura claramente definida para Tiwanaku, lo que añade más dudas al origen de los signos grabados en la Fuente Magna.

La idea de que los sumerios, una de las primeras civilizaciones urbanas conocidas, pudieron haber viajado hasta Sudamérica ha sido objeto de escepticismo y burla por parte de la comunidad académica. Sin embargo, existen teorías alternativas que sugieren que, si bien es improbable un contacto directo, podría haber habido un intercambio de ideas a través de rutas comerciales antiguas que unían Asia, el Pacífico y América del Sur. Algunos proponen que marineros fenicios, conocidos por sus habilidades de navegación y comercio, pudieron haber traído objetos y conocimientos desde el antiguo Medio Oriente hasta las costas americanas mucho antes de lo que se creía posible. Esta teoría es especulativa, pero se ha usado para explicar la sorprendente similitud entre ciertos símbolos y estilos artísticos de culturas separadas por miles de kilómetros.

El contexto arqueológico de la Fuente Magna también plantea preguntas sin respuesta. El área alrededor del lago Titicaca ha sido un centro cultural importante durante milenios, con evidencias de ocupación humana que se remontan a más de 10.000 años. La región fue el corazón de la civilización Tiwanaku, cuyos restos monumentales, incluyendo templos y estatuas de piedra, sugieren una sociedad sofisticada con conocimientos avanzados en astronomía y agricultura. El hallazgo de la Fuente Magna en este contexto ha llevado a algunos a especular sobre la existencia de una cultura aún más antigua y desconocida, que podría haber servido como puente entre las antiguas civilizaciones del Viejo Mundo y las del Nuevo Mundo.

A pesar de la fascinación que rodea a la Fuente Magna, el artefacto no ha sido objeto de estudios académicos exhaustivos. Las universidades e instituciones arqueológicas han mostrado un interés limitado en el análisis del objeto, posiblemente debido a la controversia y el escepticismo generalizado en torno a los OOPARTs. No obstante, se han realizado algunos análisis petrográficos que sugieren que la piedra utilizada para fabricar el cuenco es de origen local, lo que refuerza la idea de que fue creado en la región andina, aunque esto no resuelve el misterio de sus inscripciones.

El enigma de la Fuente Magna sigue sin resolverse. Es un objeto que parece estar fuera de lugar y fuera de tiempo, un testimonio silencioso de una historia que no conocemos o que hemos olvidado. ¿Podría ser una prueba de una civilización perdida que antecedió a las culturas precolombinas conocidas? ¿Es el resultado de un contacto transoceánico inesperado, o simplemente una mezcla cultural que aún no entendemos por completo? Hasta que se realicen más estudios y se obtenga un análisis definitivo, la

Fuente Magna seguirá siendo uno de los OOPARTs más fascinantes y debatidos, desafiando nuestras concepciones sobre los orígenes y los límites de la civilización humana.

Los petroglifos de Toro Muerto

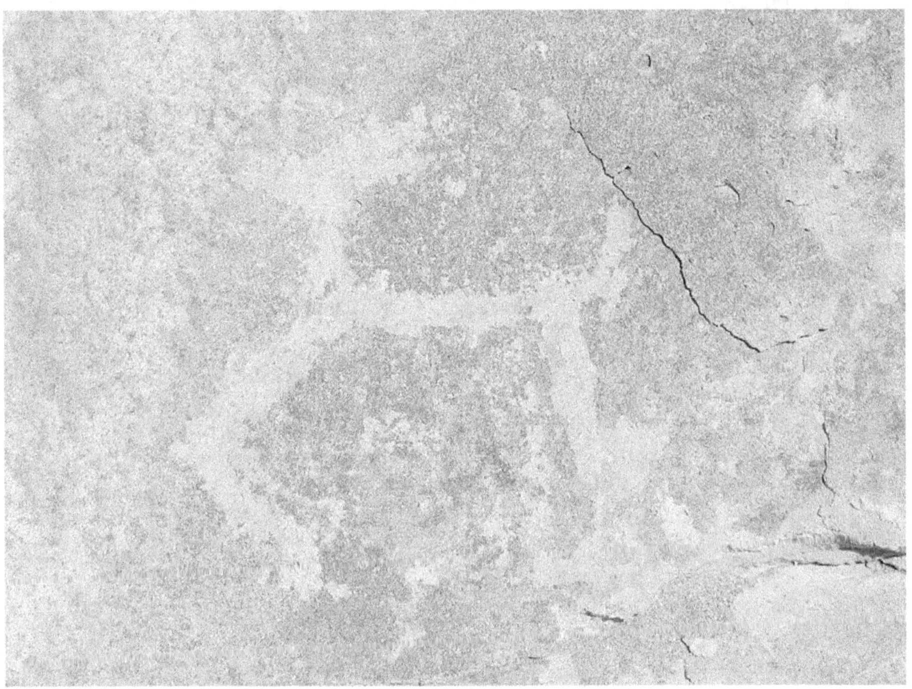

Petroglifo de una llama en Toro Muerto. Fuente: Wikipedia

En el desierto árido y escarpado del sur de Perú, donde la tierra se seca bajo el sol abrasador y la arena se mezcla con los vestigios de civilizaciones antiguas, se encuentra uno de los sitios arqueológicos más enigmáticos del continente americano: los petroglifos de Toro Muerto. Este lugar, situado en la región de Arequipa, es un vasto campo rocoso cubierto de dibujos grabados en piedra que se extiende por varios kilómetros, formando una galería al aire libre de más de 5.000 bloques de roca volcánica, cada uno decorado con intrincados grabados que desafían el paso del tiempo.

Los petroglifos de Toro Muerto constituyen uno de los mayores conjuntos de arte rupestre del mundo, y su origen sigue siendo un enigma. El sitio fue descubierto oficialmente a principios del siglo XX, aunque era conocido por los habitantes locales desde hace mucho tiempo. Las figuras talladas en la piedra muestran una variedad asombrosa de escenas, desde representaciones humanas y animales hasta formas geométricas y símbolos abstractos. Muchas de estas imágenes están estilizadas de manera que sugieren un profundo simbolismo, reflejando posiblemente rituales religiosos, cosmologías o historias ancestrales que se han perdido en el tiempo.

Una de las características más fascinantes de los petroglifos de Toro Muerto es la diversidad de estilos artísticos y motivos grabados. Los estudiosos han identificado al menos tres estilos distintos, que varían desde formas geométricas simples y figuras antropomorfas hasta representaciones más complejas y abstractas. Entre las imágenes más comunes se encuentran figuras humanas con los brazos extendidos, a menudo rodeadas de animales como aves, serpientes, felinos y camélidos. Algunos grabados representan escenas de caza, mientras que otros muestran a individuos con tocados elaborados, lo que ha llevado a algunos investigadores a especular que podrían ser representaciones de chamanes o figuras de autoridad espiritual.

Los arqueólogos creen que los petroglifos de Toro Muerto fueron tallados por varias culturas precolombinas que habitaron la región, entre ellas la cultura Wari y posteriormente la cultura Chuquibamba, que florecieron entre el 500 d.C. y el 1300 d.C. Sin embargo, algunos petroglifos podrían ser incluso más antiguos, remontándose a tiempos de los primeros asentamientos humanos en el área, hace más de 2.000 años. Esta amplitud temporal sugiere que Toro Muerto fue un lugar significativo para múltiples generaciones y culturas, convirtiéndolo en un punto focal para la expresión artística y espiritual a lo largo de los siglos.

El significado de estos grabados sigue siendo objeto de debate. Algunos investigadores creen que los petroglifos servían como una especie de calendario ritual, utilizado para marcar eventos astronómicos o agrícolas importantes. La disposición de ciertos símbolos y figuras podría estar relacionada con la observación del sol y las estrellas, lo que indicaría un conocimiento astronómico avanzado por parte de las culturas que habitaban la región. Esta teoría se ve reforzada por la proximidad del sitio a la costa del Pacífico y la altitud de las montañas andinas, lo que proporcionaría una vista clara del cielo nocturno.

Otros estudiosos sugieren que los petroglifos eran utilizados como parte de rituales de iniciación o ceremonias religiosas. La presencia de figuras humanas con expresiones extáticas o con los brazos levantados podría interpretarse como una representación de trances chamánicos o de comunicación con los dioses. En este contexto, Toro Muerto habría sido un sitio sagrado, un lugar de peregrinación donde los habitantes locales venían a dejar sus marcas y a conectar con el mundo espiritual. Esta idea se ve reforzada por la ubicación remota y la topografía del lugar, que está rodeado de formaciones rocosas naturales que crean un paisaje dramático y, a menudo, intimidante.

A pesar de estas teorías, muchos de los grabados siguen sin ser descifrados, especialmente los símbolos abstractos y las formas geométricas. Algunos investigadores han sugerido que estos podrían ser parte de un sistema de escritura primitivo o un código visual utilizado para transmitir conocimientos sagrados y secretos esotéricos. Sin embargo, hasta ahora no se ha encontrado ninguna evidencia concluyente que respalde esta idea, y los petroglifos siguen siendo un misterio abierto a interpretación.

El contexto arqueológico de Toro Muerto añade otra capa de complejidad al enigma. El sitio está situado en una zona que, en la antigüedad, era un punto de encuentro para diversas culturas que interactuaban a través del comercio y el intercambio cultural. La región de Arequipa, con sus fértiles valles y cercanía a la costa, fue un cruce de caminos para varias civilizaciones precolombinas. Es posible que Toro Muerto funcionara como un centro neutral donde diferentes grupos podían reunirse para compartir sus conocimientos, realizar rituales o celebrar eventos importantes. Esta hipótesis podría explicar la gran variedad de estilos y motivos que se encuentran en los grabados.

El desgaste natural y la erosión han afectado gravemente a muchos de los petroglifos, dificultando su estudio. La combinación de los intensos rayos solares, las fuertes lluvias estacionales y el viento del desierto ha erosionado las superficies de piedra, haciendo que algunas figuras sean apenas visibles. Además, el vandalismo y la extracción de bloques por parte de coleccionistas e investigadores no regulados han causado daños adicionales. A pesar de los esfuerzos recientes para proteger y conservar el sitio, Toro Muerto sigue enfrentando amenazas significativas, y gran parte de su arte rupestre está en peligro de desaparecer para siempre.

El enigma de Toro Muerto ha fascinado a investigadores y visitantes por igual, convirtiéndose en un símbolo de la capacidad humana para crear arte y narrativas visuales que trascienden el tiempo y el espacio. ¿Qué mensajes querían transmitir los antiguos artistas? ¿Era Toro Muerto un centro espiritual, un observatorio astronómico o un simple lugar de reunión social? Tal vez nunca tengamos todas las respuestas, pero lo que es seguro es que los petroglifos de Toro Muerto siguen invitándonos a reflexionar sobre la profunda conexión entre las culturas antiguas y el paisaje que las rodeaba. Aquí, en este árido rincón de Perú, las piedras hablan un lenguaje olvidado que nos susurra historias de un pasado remoto, esperando a ser redescubiertas e interpretadas por aquellos que se atreven a escuchar.

El candelabro de Paracas

Candelabro de Paracas en Perú. Fuente: Wikipedia

En la costa árida y desolada del sur de Perú, a orillas del Océano Pacífico y no lejos de la península de Paracas, se encuentra uno de los geoglifos más misteriosos del mundo: el Candelabro de Paracas. Este enorme grabado, tallado en la ladera de una colina arenosa, ha desconcertado a exploradores, arqueólogos y viajeros desde su redescubrimiento a mediados del siglo XIX. Con una longitud de aproximadamente 180 metros y una profundidad de grabado de hasta 60 centímetros, el Candelabro de Paracas se vislumbra desde varios kilómetros mar adentro, sirviendo como un testimonio silencioso de los conocimientos y técnicas antiguas que aún hoy nos resultan enigmáticos.

La figura, como su nombre indica, se asemeja a un candelabro de tres brazos que se alzan hacia el cielo, pero su forma y proporciones también han sido interpretadas de diversas maneras: algunos ven en ella un tridente, símbolo que los antiguos habitantes podrían haber asociado a dioses marinos, mientras que otros lo relacionan con el mito del dios Viracocha, el creador y civilizador de la región andina. Sin embargo, el verdadero propósito de este gigantesco grabado sigue siendo motivo de especulación y debate, pues a diferencia de las famosas Líneas de Nazca, que se encuentran al sureste, el Candelabro de Paracas tiene una visibilidad específica y destacada desde el océano, lo que sugiere que su función pudo estar vinculada a navegantes.

El origen del Candelabro de Paracas es incierto, pero la mayoría de los investigadores coinciden en que fue creado por la cultura Paracas, un pueblo preincaico conocido por su sofisticada textilería, complejas prácticas funerarias y conocimiento astronómico. Esta civilización floreció entre 800 a.C. y 100 a.C., lo que significa que el Candelabro podría tener más de dos mil años de antigüedad. Sin embargo, no se ha hallado evidencia concreta que permita datar el geoglifo con precisión, y algunos estudiosos sostienen que podría haber sido realizado en épocas posteriores, durante la expansión de la cultura Nazca o incluso en tiempos prehispánicos tardíos.

El Candelabro de Paracas presenta un diseño simple pero imponente. Los surcos que lo forman fueron tallados profundamente en el suelo arenoso y en la roca caliza subyacente, lo que ha permitido que la figura permanezca prácticamente inalterada durante siglos, a pesar de las condiciones climáticas extremas de la región. Los fuertes vientos del desierto, que suelen cubrir de arena otras áreas circundantes, han dejado intacto el grabado, una anomalía que algunos atribuyen a un fenómeno natural particular de la zona, mientras que otros lo consideran una prueba de los avanzados conocimientos geológicos de sus creadores.

El propósito del Candelabro es uno de los grandes enigmas de la arqueología andina. Una de las teorías más aceptadas es que funcionaba como un símbolo de navegación, una suerte de faro primitivo o señal para los navegantes que surcaban las costas del Pacífico en balsas de totora. La posición del geoglifo, orientado hacia el mar y visible desde largas distancias, apoya esta idea. Según esta hipótesis, el Candelabro habría guiado a los antiguos marineros, indicándoles la proximidad de la península de Paracas, una región que se sabe fue un importante centro comercial y cultural.

Otra interpretación sugiere que el Candelabro de Paracas tenía un significado ritual o religioso. La forma tridente del geoglifo ha sido asociada con el símbolo del rayo y el trueno, elementos sagrados en la cosmovisión andina que se vinculaban al poder de Viracocha, el dios creador. En este contexto, el Candelabro podría haber sido un símbolo de ofrenda, un signo grabado para honrar a las deidades o para pedir protección ante las fuerzas naturales del océano y del desierto. Algunos investigadores han postulado que el geoglifo servía como un lugar de ceremonias donde los habitantes realizaban rituales para invocar la fertilidad, la lluvia y el bienestar de su comunidad.

Más allá de estas teorías, existen interpretaciones alternativas y más controversiales que vinculan al Candelabro de Paracas con conocimientos astronómicos o incluso con culturas extranjeras. Algunos investigadores han señalado que el diseño del geoglifo podría estar alineado con ciertos eventos celestiales, como los solsticios, lo que implicaría un uso como calendario astronómico. La idea de que los antiguos peruanos utilizaran el Candelabro para medir el tiempo y organizar sus actividades agrícolas tiene respaldo en otras culturas precolombinas que también construyeron monumentos orientados astronómicamente.

Más esotéricas son las teorías que sugieren que el Candelabro de Paracas es evidencia de contacto con civilizaciones avanzadas, ya sean visitantes del otro lado del océano Pacífico o incluso de origen extraterrestre. Esta idea se basa en la precisión del grabado y en su visibilidad desde el mar, algo que, según los defensores de esta hipótesis, habría requerido conocimientos y habilidades más allá de las capacidades de las culturas locales de la época. Aunque estas teorías carecen de pruebas sólidas, forman parte del folclore que rodea al geoglifo y han contribuido a su fama mundial.

El entorno de Paracas también añade un aire de misterio al Candelabro. La península es conocida por sus espectaculares acantilados y playas, así como por el famoso Cementerio de Paracas, donde se hallaron los famosos fardos funerarios y cráneos alargados, prueba de las complejas costumbres funerarias de la cultura Paracas. Esta región ha sido un sitio sagrado para sus habitantes desde tiempos inmemoriales, y la creación del Candelabro podría haber sido parte de un sistema simbólico más amplio que unía el cielo, la tierra y el mar en una visión unificada del mundo.

A día de hoy, el Candelabro de Paracas sigue siendo un desafío para los arqueólogos y una atracción para turistas y curiosos de todo el mundo. Los estudios científicos realizados hasta ahora no han logrado desentrañar completamente su significado, y el geoglifo permanece como un símbolo de los conocimientos perdidos de una antigua civilización que, a pesar de su aparente simplicidad, era capaz de realizar obras monumentales que aún hoy nos sorprenden. El Candelabro, con sus líneas rectas y simetría precisa, se erige como un enigma inscrito en la roca, una huella imborrable que continúa narrando historias de un pasado lleno de secretos y maravillas.

Los petroglifos de la Isla de Pascua

Petroglifos en la Isla de Pascua.

Fuente: https://centroderecursos.educarchile.cl/20.500.12246/38689.

Los petroglifos de la Isla de Pascua constituyen uno de los elementos más fascinantes y enigmáticos del legado cultural de Rapa Nui, un lugar ya conocido por sus célebres moáis. Estos grabados, que cubren tanto superficies rocosas al aire libre como los propios cuerpos de las estatuas, ofrecen un vistazo inquietante al mundo simbólico de una civilización desaparecida, pero también plantean preguntas que los arqueólogos y los historiadores aún no han logrado responder por completo. Con su estilo singular y sus temas recurrentes, los petroglifos de la Isla de Pascua están cargados de misterio, pues muchos parecen aludir a prácticas rituales, creencias cosmológicas e incluso a conocimientos avanzados que desafían lo que se espera de una sociedad aislada en el Pacífico Sur.

La mayor concentración de petroglifos se encuentra en los sitios ceremoniales como Orongo y Anakena, así como en la región de Poike. Entre los motivos más recurrentes, destaca la representación del hombre pájaro, conocido localmente como "Tangata Manu". Este símbolo parece hacer referencia al culto del hombre pájaro, un ritual anual en el que los competidores nadaban hasta el islote Motu Nui en busca de un huevo de manutara, una ave marina sagrada. El hombre que lograba recuperar el primer huevo intacto se convertía en el Tangata Manu, un líder espiritual que gozaba de gran prestigio. La figura del hombre pájaro se presenta de forma estilizada, con una cabeza de pájaro alargada y un cuerpo humanoide, en lo que muchos interpretan como una mezcla de lo humano y lo divino, un intermediario entre el mundo terrenal y el espiritual.

Sin embargo, el simbolismo de estos petroglifos no se detiene en el hombre pájaro. Otras figuras recurrentes incluyen a Makemake, el dios creador de la mitología Rapa Nui, así como complejos diseños geométricos que parecen desafiar cualquier explicación sencilla. Algunos investigadores han sugerido que estos patrones geométricos podrían representar mapas estelares o calendarios agrícolas, lo que indicaría un nivel avanzado de conocimiento astronómico por parte de los antiguos habitantes de la isla. Otros, sin embargo, interpretan estas formas como símbolos de navegación, utilizados para orientar a los antiguos polinesios en sus travesías oceánicas a través del vasto Pacífico. El contexto en el que se encuentran estos petroglifos también aporta al misterio: muchos de ellos están tallados en plataformas ceremoniales conocidas como "ahu", que también soportan los colosales moáis, lo que sugiere una conexión espiritual profunda entre estas esculturas monumentales y los grabados.

Uno de los aspectos más desconcertantes de los petroglifos de la Isla de Pascua es su datación. Aunque la mayoría de los expertos coinciden en que fueron creados entre los siglos XIII y XVIII, la falta de materiales orgánicos asociados directamente con los grabados hace que esta cronología sea difícil de verificar. Algunos investigadores han planteado la posibilidad de que ciertos petroglifos sean mucho más antiguos de lo que se cree, e incluso podrían haberse realizado en una era pre-polinesia, antes de la llegada de los primeros colonos a la isla. Esta hipótesis, aunque controvertida, se sustenta en parte por el desgaste evidente de algunos petroglifos, que sugiere una antigüedad considerable.

El estilo de los grabados, caracterizado por líneas fluidas y contornos suaves, ha llevado a comparaciones con otros petroglifos encontrados en diferentes regiones del Pacífico, como en Hawai y Nueva Zelanda, lo que sugiere un posible intercambio cultural entre estos pueblos oceánicos. Sin embargo, hay características únicas en los petroglifos de la Isla de Pascua, como la representación de figuras con manos alargadas y cabezas desproporcionadas, que parecen carecer de paralelismos claros en otras culturas polinesias. Este hecho ha llevado a algunos teóricos a especular sobre influencias externas, sugiriendo incluso contactos con civilizaciones de América del Sur o visitantes de regiones distantes mucho antes del "descubrimiento" europeo de la isla en 1722.

No obstante, la hipótesis más controvertida es aquella que conecta los petroglifos con posibles contactos extraterrestres. Algunos investigadores han señalado que ciertas figuras humanoides, especialmente aquellas que muestran a seres con cabezas alargadas o formas extrañas, podrían ser interpretadas como representaciones de seres de otro mundo. Esta teoría, aunque desacreditada por la comunidad académica, ha encontrado eco entre los entusiastas de la arqueología alternativa, quienes sugieren que los petroglifos podrían ser una especie de "mensaje en una botella" dejado por los antiguos habitantes de la isla para advertir o documentar un encuentro con visitantes interestelares.

El sitio de Orongo, ubicado en la cima de un acantilado que domina el océano, es quizás el más famoso de todos los lugares donde se encuentran petroglifos. Aquí, las figuras talladas parecen casi fundirse con el paisaje, creando una especie de narrativa esculpida en la roca que describe no solo el culto del hombre pájaro, sino también eventos mitológicos y ceremoniales que eran esenciales para la sociedad Rapa Nui. La posición elevada de Orongo y su proximidad a los islotes de Motu Nui y Motu Iti han llevado a algunos investigadores a especular que este sitio tenía un significado astronómico, actuando quizás como un observatorio primitivo donde los antiguos sacerdotes observaban el movimiento de las estrellas y trazaban el curso del sol y la luna.

En última instancia, los petroglifos de la Isla de Pascua permanecen como un rompecabezas arqueológico y cultural. Aunque se han propuesto muchas teorías, desde explicaciones rituales hasta interpretaciones astronómicas y contactos extraterrestres, la verdad es que aún no se ha logrado un consenso definitivo sobre su propósito y significado. Lo que sí es indudable es que estos grabados ofrecen un vistazo único al alma de una civilización que floreció y luego declinó en uno de los lugares más remotos del planeta. La roca de Rapa Nui lleva inscritas historias que, aunque no podamos leer por completo, nos susurran fragmentos de un pasado que sigue siendo tan enigmático como los rostros de piedra que vigilan la isla, mirando al océano sin fin, como si guardaran secretos que esperan pacientemente ser descubiertos.

8. Objetos Relacionados con Civilizaciones Desaparecidas o Perdidas

Artefactos que sugieren la existencia de culturas olvidadas o civilizaciones legendarias como la Atlántida.

Los Mapas de Piri Reis y Zeno

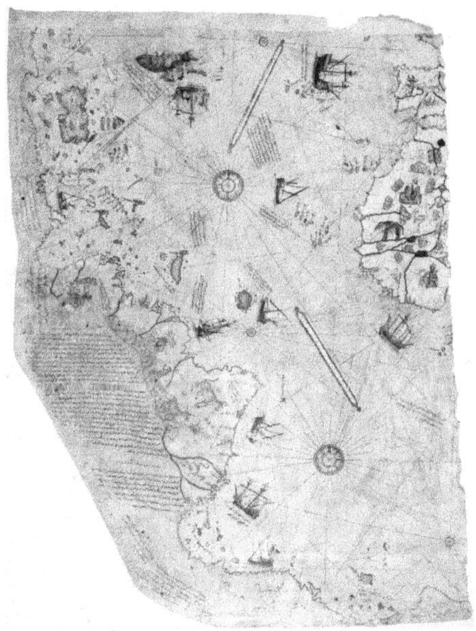

Mapa de Piri Reis. Fuente: Wikipedia

Los mapas de Piri Reis y de Zenón han capturado la imaginación de investigadores y aficionados a la historia por igual, no solo por su innegable calidad cartográfica, sino también por las incógnitas que plantean sobre el conocimiento geográfico de la antigüedad. Estos mapas, a menudo catalogados como OOPARTs (Objetos Fuera de Lugar) debido a sus elementos anacrónicos, sugieren que exploradores del pasado podrían haber conocido territorios mucho antes de los descubrimientos oficiales que aparecen en los libros de historia. Veamos en detalle cada uno de estos mapas y exploremos las teorías y enigmas que los rodean.

El mapa de Piri Reis es, sin duda, uno de los documentos cartográficos más famosos y enigmáticos de la historia. Fue creado en 1513 por el almirante otomano Piri Reis, un marino de renombre y erudito conocido por su dominio de la navegación. El mapa es solo un fragmento de lo que fue un documento mucho más amplio, pero lo que se ha conservado ha sido suficiente para desatar debates y controversias a lo largo de los siglos. Este fragmento muestra la costa occidental de África, la costa oriental de América del Sur y una parte de la costa atlántica de la Antártida, lo que ya resulta notable teniendo en cuenta el conocimiento geográfico de la época.

Lo que hace especial al mapa de Piri Reis es su representación detallada de la línea costera sudamericana y, en particular, la presencia de lo que parece ser la costa de la Antártida. Según la historia oficial, la Antártida no fue descubierta hasta el siglo XIX, más de 300 años después de que Piri Reis confeccionara su mapa. Además, la región antártica aparece sin su capa de hielo, lo que sugiere que pudo haberse basado en fuentes cartográficas mucho más antiguas, cuando el continente aún estaba libre de hielo, una situación que no se ha dado en al menos 6,000 años.

Piri Reis afirmó haber utilizado como fuentes mapas más antiguos, algunos de los cuales habrían sido realizados por exploradores musulmanes y posiblemente por navegantes fenicios o egipcios. Esta afirmación ha dado pie a la teoría de que el mapa podría haber sido basado en documentos mucho más antiguos, quizás incluso de una civilización perdida con conocimientos avanzados de navegación y geografía. Los defensores de la hipótesis de los antiguos astronautas sugieren que esta civilización podría haber recibido ayuda de seres extraterrestres o haber contado con tecnologías hoy desconocidas.

El mapa también muestra detalles precisos de la costa de América del Sur, incluyendo ríos y montañas que solo fueron confirmados posteriormente. Este grado de precisión ha llevado a algunos investigadores a especular que Piri Reis pudo haber accedido a mapas precolombinos que mostraban el continente americano mucho antes del "descubrimiento" por parte de Cristóbal Colón. La precisión de los detalles ha sido difícil de explicar, considerando las limitaciones de los instrumentos de navegación y cartografía de la época, como los astrolabios y las brújulas de aguja.

Por su parte, el mapa de Zenón, datado en 1558, es otro documento cartográfico que ha dejado perplejos a los estudiosos debido a la representación de territorios que no deberían haber sido conocidos en la Europa renacentista. El mapa fue supuestamente elaborado por los hermanos Zenón, navegantes venecianos que habrían explorado el Atlántico Norte y habrían llegado a tierras desconocidas, incluyendo Groenlandia e incluso partes de América del Norte.

El aspecto más controvertido del mapa de Zenón es su representación de Groenlandia y otras tierras árticas. A diferencia de lo que se creía en la época, el mapa muestra Groenlandia como una masa de tierra dividida en dos, algo que solo fue confirmado por exploraciones modernas y estudios geológicos. La precisión de los detalles geográficos, considerando que Groenlandia estuvo cubierta por hielo durante siglos, ha llevado a algunos a sugerir que los Zenón pudieron haber accedido a mapas antiguos que mostraban el continente antes de su glaciación, lo que implicaría un conocimiento geográfico perdido.

La leyenda del mapa de Zenón también incluye menciones a viajes hacia el oeste, hacia un territorio desconocido llamado Estotiland, que algunos han interpretado como una referencia a América del Norte. La historia de los hermanos Zenón describe cómo estos aventureros habrían realizado exploraciones en estas tierras durante el siglo XIV, lo que pondría su viaje al menos 100 años antes de que Colón llegara al Nuevo Mundo. Esta narrativa ha llevado a algunos investigadores a postular que los europeos podrían haber llegado a América del Norte mucho antes del viaje de Colón, basándose en conocimientos cartográficos transmitidos en secreto.

Una teoría interesante es que el mapa de Zenón podría haber sido influenciado por conocimientos nórdicos, ya que los vikingos ya habían llegado a América del Norte siglos antes. Los vikingos exploraron la región de Vinland, que se cree que corresponde a la actual Terranova en Canadá. Algunos teóricos sugieren que los Zenón habrían tenido acceso a mapas vikingos, lo que explicaría la representación precisa de partes de América del Norte y Groenlandia.

Ambos mapas, han sido objeto de interpretaciones alternativas que van desde el contacto precolombino con América hasta la existencia de civilizaciones avanzadas y desconocidas. Los teóricos de los antiguos astronautas han propuesto que estos mapas son evidencia de contactos con seres de otros mundos, quienes habrían proporcionado conocimientos geográficos precisos a civilizaciones antiguas. Otros investigadores sugieren la existencia de una civilización perdida que poseía conocimientos avanzados de cartografía y navegación, una idea que encaja con el mito de Atlántida o de culturas aún más antiguas, como Lemuria o Mu.

Sin embargo, la comunidad académica ha sido cautelosa al abordar estas teorías. Algunos historiadores argumentan que los detalles precisos en los mapas pueden explicarse por interpolaciones creativas basadas en relatos de exploradores y navegantes que recogieron datos incompletos de diversas fuentes. En el caso del mapa de Piri Reis, se ha sugerido que el contorno antártico podría ser una interpretación errónea de la costa sudamericana extendida hacia el sur. Para el mapa de Zenón, algunos historiadores creen que podría ser una falsificación o una reconstrucción basada en relatos fragmentados de navegantes nórdicos.

A pesar de las controversias, los mapas de Piri Reis y Zenón siguen fascinando a estudiosos y entusiastas por igual. Representan un reto a nuestra comprensión del conocimiento geográfico en el pasado y plantean la posibilidad de que existan lagunas significativas en nuestra narrativa histórica. Estos documentos no solo ofrecen una ventana al mundo antiguo, sino que también nos recuerdan que aún hay mucho por descubrir sobre las hazañas de los navegantes y cartógrafos del pasado, quienes, con sus limitados recursos, lograron capturar detalles del mundo que desafían nuestra comprensión.

En definitiva, los mapas de Piri Reis y de Zenón son un testimonio de la audacia exploradora de la humanidad y, al mismo tiempo, un recordatorio de los enigmas aún no resueltos que nos obligan a cuestionar las certezas de la historia. ¿Fueron estas representaciones resultado del ingenio humano o reflejan algo más, una memoria colectiva de viajes olvidados o conocimientos transmitidos a través de canales aún desconocidos? La respuesta, quizás, yace en algún lugar entre la mitología y la historia, aguardando a ser revelada.

9. Objetos de Materiales Anacrónicos

Artefactos cuyos materiales no corresponden con la tecnología o los recursos disponibles en su supuesta época de origen.

Las columnas de hierro de Delhi y Karnataka

Pilar de hierro en Delhi. Fuente: Wikipedia

En el mundo de los objetos anómalos, hay pocos tan enigmáticos y fascinantes como las columnas de hierro de Delhi y Karnataka, monumentos que desafían las expectativas y conocimientos actuales sobre la metalurgia de la antigüedad. Estas estructuras, a menudo catalogadas como ejemplos de OOPARTs (Objetos Fuera de Lugar), han desconcertado a científicos, historiadores y arqueólogos por su excepcional resistencia a la corrosión. Pese a estar expuestas durante siglos al implacable clima del subcontinente indio, estas columnas presentan un estado de conservación asombroso que las convierte en verdaderos enigmas tecnológicos. La columna de hierro de Delhi, situada en el complejo de Qutb, y la menos conocida pero igualmente intrigante columna de hierro de Karnataka son ejemplos impresionantes de una sofisticación metalúrgica aparentemente incompatible con la tecnología disponible en su época de construcción.

La columna de hierro de Delhi es la más famosa de estas estructuras. Se encuentra en la capital india y se erige con una altura de más de siete metros, con un peso que ronda las seis toneladas. Su construcción se atribuye al emperador Chandragupta II, que reinó en el siglo IV d.C., aunque algunos sugieren que podría ser incluso más antigua. La columna está dedicada a Vishnu y lleva una inscripción en sánscrito que celebra las hazañas del monarca. Sin embargo, lo que más ha llamado la atención no es su origen ni su inscripciones, sino su extraordinaria resistencia al óxido. Esta columna ha permanecido en pie durante más de 1,600 años, expuesta a la lluvia, al calor abrasador y a la humedad característica del clima de Delhi, y aun así presenta solo pequeñas manchas de corrosión superficial. Para muchos, este fenómeno representa un misterio metalúrgico que la ciencia ha intentado explicar durante décadas.

El análisis científico ha revelado que la columna de Delhi fue fabricada con un hierro extremadamente puro, con un contenido de fósforo más alto de lo habitual y una casi total ausencia de azufre y manganeso, elementos que suelen hacer que el hierro sea más susceptible a la oxidación. Sin embargo, lo que verdaderamente destaca es el proceso de pasivación natural que ha ocurrido en la columna. Se ha formado una fina capa de óxido de fosfato de hierro en su superficie, que actúa como un recubrimiento protector. Los investigadores creen que esta capa se desarrolló debido a la alta proporción de fósforo en el metal, lo que habría ayudado a evitar la formación de óxido común y su consecuente corrosión. Este descubrimiento ha llevado a algunos expertos a teorizar que los antiguos artesanos indios conocían y dominaban técnicas avanzadas de procesamiento del hierro que se habían perdido con el tiempo, conocimientos que solo han sido redescubiertos en la era moderna.

Algunos teóricos han ido más allá, sugiriendo que la tecnología utilizada para fabricar la columna de Delhi podría ser indicio de una civilización avanzada o de un conocimiento transmitido por culturas perdidas. Las leyendas locales afirman que la columna posee propiedades mágicas y que tocarla con la espalda traerá buena suerte y bendiciones. Estas creencias populares han contribuido al aura de misterio que rodea a la columna, aunque los estudiosos las atribuyen más a la admiración por la proeza tecnológica que representa.

La columna de hierro de Karnataka, por otro lado, es menos conocida pero no menos fascinante. Se encuentra en el sur de la India y, al igual que su contraparte en Delhi, desafía las explicaciones convencionales con su notable resistencia al desgaste y a la oxidación. Aunque menos documentada, los análisis han mostrado características metalúrgicas similares: una alta pureza del hierro y una capa protectora de óxido de fosfato. Esto sugiere que los antiguos herreros del sur de la India también poseían un dominio notable sobre la manipulación del hierro, una habilidad que parece haberse extendido por diferentes regiones del subcontinente.

Las teorías sobre estas columnas no se limitan a explicaciones científicas. Algunos investigadores alternativos han especulado que estos monumentos podrían haber sido creados utilizando técnicas desconocidas, incluso sugiriendo la influencia de civilizaciones avanzadas perdidas, como la legendaria Atlántida o la civilización de Lemuria, de la que se rumorea en mitologías indias y textos antiguos. Aunque estas ideas carecen de evidencia sólida, reflejan la profunda fascinación que estas estructuras han despertado a lo largo de los siglos y la tendencia humana a llenar los vacíos de conocimiento con narrativas fantásticas.

Una teoría interesante es la posible conexión entre estas columnas y el conocimiento de los siderúrgicos del antiguo mundo indio. Los herreros indios fueron famosos por crear acero de alta calidad, conocido como acero de Wootz, mucho antes de que Europa desarrollara técnicas similares. Este acero era famoso por su resistencia y se utilizó para fabricar las legendarias espadas de Damasco. Algunos investigadores creen que la experiencia acumulada en la creación de Wootz podría haber contribuido al conocimiento necesario para crear las columnas de hierro de Delhi y Karnataka, aunque el propósito exacto de estas estructuras sigue siendo debatido.

El legado de estas columnas va más allá de la mera curiosidad científica; son símbolos de la sofisticación y el ingenio de las civilizaciones antiguas. Representan una era en la que la metalurgia no era simplemente una técnica, sino un arte rodeado de misticismo y rituales, en el que los metales se forjaban no solo con fuego y martillo, sino también con un profundo entendimiento de los materiales y sus propiedades. La preservación casi milagrosa de estas estructuras sigue siendo un testamento del dominio metalúrgico de los antiguos artesanos indios, quienes, en ausencia de las tecnologías modernas, lograron fabricar monumentos que han resistido la prueba del tiempo.

En última instancia, tanto la columna de hierro de Delhi como la de Karnataka son recordatorios de que la historia humana es mucho más rica y compleja de lo que a menudo se asume. Invitan a reflexionar sobre lo que podría haberse perdido a lo largo de los siglos y desafían nuestra percepción del progreso tecnológico, sugiriendo que tal vez hubo épocas en las que el conocimiento y las habilidades superaron lo que estamos dispuestos a aceptar hoy. Estas columnas no solo son monumentos del pasado, sino también enigmas que nos retan a mirar más allá de nuestras certezas y a considerar la posibilidad de que aún queda mucho por descubrir sobre las capacidades de nuestros antepasados.

La espiga de auricalco

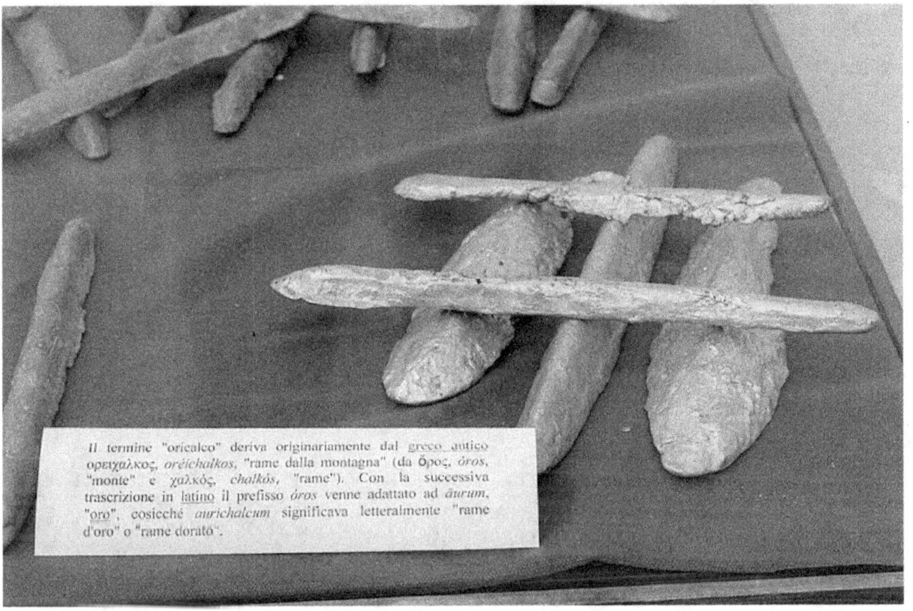

Oricalco recuperado en el mar de Gela, en Sicilia. Fuente: Wikipedia

En el fascinante mundo de los OOPARTs, la llamada "espiga de auricalco" ocupa un lugar peculiar y cautivador. Aunque su hallazgo ha sido menos difundido que otros artefactos enigmáticos, este objeto ha capturado la atención de investigadores y entusiastas debido a sus intrigantes características y a las posibilidades que sugiere sobre un conocimiento metalúrgico perdido en la antigüedad. La espiga, descubierta en condiciones poco habituales, parece desafiar las nociones establecidas sobre la capacidad técnica de las antiguas civilizaciones, al estar compuesta de un metal que se creía mítico: el auricalco.

El auricalco, mencionado en textos clásicos como los de Platón, era un metal legendario que supuestamente provenía de la mítica Atlántida. Descrito como un material de un brillo rojo dorado, se consideraba extremadamente valioso, casi tanto como el oro, y se creía que sus propiedades eran únicas. Platón lo menciona específicamente en el *Critias*, donde indica que el auricalco era uno de los metales más importantes utilizados en la ornamentación de los templos y estatuas de la Atlántida. Con el tiempo, este material pasó a formar parte del imaginario colectivo, convirtiéndose en un símbolo de una era dorada perdida y de una tecnología que superaba la de cualquier otra civilización conocida. La espiga de auricalco parece confirmar, al menos en parte, la existencia de este metal, pues las pruebas realizadas en el objeto indican una composición que incluye cobre, zinc y otros elementos en proporciones inusuales.

El descubrimiento de la espiga ocurrió en circunstancias casi fortuitas. Se halló durante una expedición subacuática cerca de las costas de Sicilia, en un área donde anteriormente se habían encontrado restos de naufragios antiguos. En un principio, el objeto fue identificado como un fragmento de una herramienta o pieza de maquinaria marina debido a su forma alargada y su punta helicoidal, similar a la de un tornillo o una espiga moderna. Sin embargo, el análisis posterior reveló que este artefacto no era simplemente un componente mecánico ordinario. La datación por radiocarbono de los sedimentos circundantes y el contexto arqueológico indicaban que la espiga podría tener más de 2,000 años de antigüedad, lo que situaría su origen en una época donde no existía evidencia documentada de técnicas para producir este tipo de objetos con tanta precisión.

Los estudios metalúrgicos realizados sobre la espiga de auricalco mostraron una aleación compleja, con un alto contenido de cobre y zinc, así como trazas de otros metales como níquel y antimonio. Esta composición recuerda al latón, una aleación utilizada por los romanos, pero las proporciones y la pureza de los elementos son anómalas y sugieren un conocimiento sofisticado de la metalurgia, muy avanzado para la época en que se cree que fue fabricada. Además, la superficie del objeto presenta un brillo dorado peculiar, lo que ha llevado a algunos a creer que, efectivamente, podría tratarse de una manifestación del mítico auricalco. Algunos especialistas sostienen que el término "auricalco" pudo haber sido una referencia genérica a aleaciones de cobre especialmente brillantes, pero el artefacto en cuestión exhibe características que van más allá de las propiedades del latón ordinario.

El diseño de la espiga es otra de sus características sorprendentes. La forma helicoidal del objeto es reminiscente de un tornillo, un mecanismo que no se considera común en las antiguas civilizaciones mediterráneas hasta siglos después de la supuesta creación de este artefacto. De hecho, se acepta que los primeros ejemplos de tornillos mecánicos aparecieron durante el periodo helenístico, cuando inventores como Arquímedes introdujeron conceptos relacionados con la hélice y el tornillo para el uso en bombas de agua. Sin embargo, la precisión y el acabado de la espiga de auricalco sugieren una funcionalidad más avanzada, posiblemente como parte de una maquinaria compleja desconocida. Algunos teóricos proponen que el objeto pudo haber sido parte de un dispositivo para perforar o ensamblar componentes, una idea que ha alimentado la especulación sobre el uso de maquinaria avanzada en tiempos antiguos.

La hipótesis de que la espiga de auricalco sea un remanente de tecnología atlante ha generado un gran interés, especialmente entre aquellos que ven en este objeto una prueba de que los antiguos poseían conocimientos avanzados, posiblemente transmitidos desde una civilización perdida. Aunque estas teorías son rechazadas por la arqueología convencional, que prefiere explicaciones más conservadoras, la rareza del material y el contexto del hallazgo no dejan de plantear preguntas inquietantes. ¿Podría tratarse de una evidencia de contacto con una cultura avanzada que desapareció sin dejar rastro? ¿O es simplemente un ejemplo aislado de metalurgia avanzada que no encaja con el resto del registro histórico conocido?

Algunos estudiosos sugieren que el objeto podría haber sido creado mediante técnicas de fundición de cera perdida, una metodología avanzada para la época, que implica el uso de moldes precisos y temperaturas controladas. Esto indicaría no solo habilidades técnicas excepcionales sino también un conocimiento práctico de la metalurgia que se habría perdido posteriormente. Esta teoría es apoyada por la ausencia de marcas de herramienta en la superficie del objeto, lo que indica que fue moldeado y no simplemente tallado o trabajado a mano.

Como muchos OOPARTs, la espiga de auricalco ha alimentado una amplia gama de teorías especulativas. Desde los defensores de la teoría de los antiguos astronautas, que sugieren que el objeto podría ser un componente de tecnología alienígena, hasta los investigadores que lo ven como prueba de civilizaciones olvidadas, las interpretaciones son variadas y a menudo divergentes. La conexión con el mito de la Atlántida ha capturado la imaginación popular, especialmente porque el auricalco es mencionado como un material distintivo de esa civilización mítica. Esta conexión se ha visto reforzada por los hallazgos recientes de objetos de cobre y latón en naufragios cerca de la costa mediterránea, lo que ha llevado a algunos a especular que podrían haber sido parte del comercio atlante.

En última instancia, la espiga de auricalco sigue siendo un enigma abierto. Aunque los análisis científicos proporcionan pistas sobre su composición y posible función, la falta de contexto claro y la singularidad del objeto dejan muchas preguntas sin respuesta. Representa un desafío para la arqueología y la historia, obligando a reconsiderar lo que se sabe sobre la capacidad técnica de las antiguas civilizaciones y ofreciendo un destello tentador de un conocimiento que tal vez se haya perdido en las brumas del tiempo.

El tornillo de Kaluga

Tornillo hallado en Kaluga. Fuente: Wikipedia

El tornillo de Kaluga es otro de esos enigmáticos objetos fuera de lugar que parecen desafiar la historia oficial de la humanidad y sus conocimientos tecnológicos. Encontrado en 1996 durante una excavación geológica rutinaria en la región de Kaluga, Rusia, este objeto ha desconcertado tanto a científicos como a entusiastas del misterio debido a su forma inusualmente moderna y su antigüedad aparente. El tornillo, incrustado en una pieza de roca sólida, tiene una estructura helicoidal que recuerda a los tornillos modernos utilizados en maquinaria industrial. Sin embargo, su contexto arqueológico lo sitúa en un periodo prehistórico, cuando, según el conocimiento convencional, los humanos aún no habían desarrollado herramientas metálicas complejas.

El hallazgo fue hecho por un grupo de geólogos que estaban explorando depósitos minerales en Kaluga, una zona rica en formaciones geológicas antiguas. Durante el análisis de una muestra de roca sedimentaria, los investigadores notaron una anomalía: una estructura metálica que sobresalía parcialmente de la superficie de la piedra. Al examinarla más de cerca, se dieron cuenta de que no era una simple irregularidad mineral, sino un objeto artificial. La pieza tenía una longitud aproximada de un centímetro y presentaba un diseño claramente helicoidal, muy similar al de un tornillo. Lo que sorprendió a los investigadores fue la profundidad a la que se encontraba incrustado, lo que indicaba que la roca debía haberse formado hace al menos 300 millones de años, según las estimaciones iniciales basadas en la estratigrafía.

Los análisis científicos realizados en el objeto arrojaron resultados desconcertantes. El tornillo de Kaluga parecía estar compuesto principalmente de una aleación metálica rica en hierro, lo que en sí mismo no sería extraño si no fuera por su contexto geológico. El hecho de encontrar un objeto de manufactura claramente artificial en una capa de roca tan antigua ha llevado a algunos a plantear teorías sobre civilizaciones tecnológicamente avanzadas que podrían haber existido mucho antes de lo que la historia oficial reconoce. Los defensores de la teoría de los antiguos astronautas han aprovechado este hallazgo para sugerir que podría tratarse de un artefacto dejado por visitantes extraterrestres, dado que el tornillo parece estar fabricado con técnicas y materiales que no coinciden con los conocimientos de la humanidad en aquella época.

Las pruebas metalúrgicas del tornillo indican que, aunque está principalmente compuesto de hierro, también contiene trazas de otros elementos, como níquel y cromo, lo que sugiere una aleación diseñada para resistir la corrosión. Este tipo de aleación es similar a las empleadas en la manufactura moderna, lo que ha llevado a algunos a especular que el objeto podría haber sido depositado en la roca por procesos geológicos inusuales, como la fosilización rápida de sedimentos. Sin embargo, esta explicación no resuelve el misterio de cómo un objeto con un diseño tan preciso pudo haber terminado en una formación rocosa de millones de años de antigüedad.

Algunos críticos han planteado la posibilidad de que el tornillo de Kaluga sea simplemente un caso de pareidolia geológica, en el que una formación mineral natural se asemeja a un tornillo debido a su forma helicoidal. Esta teoría, aunque plausible, no explica adecuadamente la composición del objeto ni su simetría perfecta, que difícilmente podría ser resultado de procesos naturales aleatorios. Además, el análisis microscópico muestra marcas y estrías a lo largo de la espiral que son consistentes con las producidas por herramientas de fabricación humana.

La datación del tornillo ha sido uno de los aspectos más polémicos del caso. Utilizando métodos de datación radiométrica y estratigrafía, los geólogos han determinado que la roca circundante tiene una antigüedad aproximada de entre 300 y 320 millones de años, lo que sitúa su formación en el periodo Carbonífero. En esa era, la vida en la Tierra estaba dominada por grandes bosques de helechos y los primeros reptiles, y aún faltaban decenas de millones de años para la aparición de los primeros mamíferos, por no mencionar a los humanos. Si aceptamos la datación de la roca como precisa, esto implicaría que el tornillo es un artefacto completamente anacrónico, lo que sugiere dos posibles escenarios: o bien existió una civilización avanzada mucho antes de lo que se cree, o el objeto es una prueba de intervención tecnológica externa.

Otra teoría que ha surgido para explicar el tornillo de Kaluga es que podría ser un remanente de maquinaria industrial antigua, depositada en la roca mediante un proceso geológico desconocido, como la concreción rápida. Según esta hipótesis, el tornillo habría sido parte de una herramienta o máquina depositada en el área hace unos pocos siglos y posteriormente recubierta por sedimentos que se solidificaron rápidamente. Sin embargo, esta teoría enfrenta varios problemas, el principal de ellos siendo la integridad del objeto y la uniformidad de la roca que lo rodea, la cual muestra una compactación típica de formaciones sedimentarias antiguas y no recientes.

El tornillo de Kaluga también ha sido objeto de investigaciones por parte de equipos de ufología, que consideran que podría ser parte de una tecnología alienígena o un fragmento de una nave espacial caída hace millones de años. Estos teóricos sugieren que el tornillo podría haber sido un componente de una máquina avanzada, enterrada y fosilizada con el paso del tiempo. La idea de tecnología alienígena enterrada en la Tierra no es nueva, y este hallazgo ha sido comparado con otros OOPARTs similares, como el supuesto "engranaje de Vladivostok" o el "clavo incrustado en roca de Kingoodie".

En el ámbito del folclore local de Kaluga, el hallazgo del tornillo ha sido rápidamente incorporado como parte de las leyendas de la región, donde algunos lo ven como un "clavo del tiempo", un objeto dejado por dioses o viajeros temporales. Esta idea ha capturado la imaginación popular, añadiendo un misticismo adicional al ya enigmático hallazgo. Sin embargo, para la ciencia convencional, el tornillo de Kaluga sigue siendo una incógnita que desafía explicaciones simples.

En última instancia, el tornillo de Kaluga sigue rodeado de misterio. Si bien algunos intentos de desacreditar su autenticidad lo atribuyen a errores en la datación o a procesos geológicos inusuales, la forma y el diseño precisos del objeto continúan intrigando a quienes lo estudian. Es un caso que ejemplifica perfectamente el enigma de los OOPARTs: objetos que parecen fuera de lugar y fuera de tiempo, desafiando nuestras nociones establecidas sobre la evolución tecnológica de la humanidad y sugiriendo que, quizás, aún queda mucho por descubrir sobre nuestro pasado remoto.

10. Artefactos con Forma o Diseño Anómalo

Objetos cuya forma o diseño no corresponde con los estilos artísticos conocidos de las culturas de la época.

Las Figuras de Acámbaro: Artefactos de un Pasado Imposible

Estatuillas de Acámbaro, en México. Fuente: Wikipedia

En el sofocante verano de 1944, Waldemar Julsrud, un comerciante alemán establecido en la pequeña ciudad de Acámbaro, en el estado mexicano de Guanajuato, cabalgaba por las colinas áridas que rodeaban la región. Julsrud ya conocía bien el terreno y su historia; había participado en excavaciones arqueológicas y era un apasionado de los descubrimientos antiguos. Sin embargo, lo que encontró ese día desafiaría no solo sus expectativas, sino también las nociones establecidas de la historia humana y natural.

Mientras cabalgaba, observó algo sobresalir del suelo arenoso: una pequeña figura de cerámica semienterrada, erosionada por los elementos. Su forma era extraña, casi irreconocible al principio. Al agacharse para recogerla, Julsrud no imaginaba que aquella figura sería el primer eslabón de una cadena de hallazgos que incluiría miles de piezas similares, cada una más enigmática que la anterior. Lo que había descubierto no era simplemente cerámica antigua; era un conjunto de artefactos que desafiaban todo lo que la ciencia sabía sobre la historia de la humanidad.

Con entusiasmo, Julsrud contrató a un trabajador local llamado Odilón Tinajero y comenzó una intensa búsqueda por la zona. En pocos días, las figuras comenzaron a surgir en cantidades sorprendentes. Los objetos eran de cerámica cocida, algunos pequeños como un puño, otros de hasta medio metro de altura. Las representaciones variaban desde seres humanos y animales comunes hasta figuras extrañas, híbridas, que desafiaban cualquier categorización. Pero el verdadero asombro llegó con las figuras que parecían mostrar dinosaurios: criaturas con cuellos largos, cuerpos robustos y placas dorsales que recordaban a un estegosaurio.

¿Cómo era posible que una cultura prehispánica hubiera creado figuras que se parecían tanto a los dinosaurios, si estos seres se extinguieron hace más de 65 millones de años? Esta pregunta no solo intrigó a Julsrud, sino que también provocó una ola de controversia y escepticismo en la comunidad arqueológica internacional. Para muchos científicos, las figuras de Acámbaro eran, en el mejor de los casos, una falsificación moderna. Sin embargo, otros, como el arqueólogo Charles Hapgood, estaban dispuestos a considerar la posibilidad de que estos artefactos fueran genuinos y revelaran un conocimiento perdido o, tal vez, un contacto con una civilización antigua mucho más avanzada de lo que imaginábamos.

La colección de figuras creció rápidamente, alcanzando las decenas de miles. Había figuras de cerámica que representaban escenas cotidianas, como personas cazando, pescando o realizando rituales. Otras mostraban criaturas mitológicas, con rasgos híbridos que combinaban partes humanas y animales. Pero las figuras más polémicas eran, sin duda, las que parecían mostrar dinosaurios. Algunas de estas figuras mostraban a personas interactuando con estos animales: montándolos, luchando contra ellos o simplemente observándolos. Los detalles de las criaturas eran asombrosos. Las figuras presentaban colas con púas, cuellos largos y estructuras corporales que coincidían notablemente con los descubrimientos paleontológicos modernos.

Ante este hallazgo, surgieron inmediatamente dos teorías opuestas. Por un lado, los escépticos argumentaron que todo era un fraude. Las figuras debían ser una fabricación reciente, elaborada por artesanos locales con el fin de estafar a Julsrud, quien estaba dispuesto a pagar por cada pieza descubierta. Para estos críticos, el estilo de las figuras no coincidía con ninguna otra tradición mesoamericana conocida, y las representaciones de dinosaurios eran simplemente imposibles.

Sin embargo, quienes apoyaban la autenticidad de las figuras ofrecieron una explicación diferente y mucho más intrigante. Sugirieron que estas figuras eran evidencia de una civilización perdida que había coexistido con dinosaurios o, al menos, había tenido acceso a conocimientos sobre ellos que de alguna manera se habían transmitido a través del tiempo. Esta teoría se alineaba con otras ideas sobre civilizaciones avanzadas desaparecidas, como la Atlántida, que habrían poseído tecnologías y saberes que se perdieron tras un gran cataclismo.

Para intentar resolver el enigma, Charles Hapgood viajó a Acámbaro en la década de 1950 y llevó a cabo una serie de análisis científicos. Hapgood, conocido por sus teorías sobre mapas antiguos y la posibilidad de civilizaciones tecnológicamente avanzadas en tiempos prehistóricos, estaba convencido de que las figuras eran auténticas. Encargó pruebas de datación por carbono 14 y termoluminiscencia, técnicas utilizadas para determinar la antigüedad de los artefactos. Los resultados sorprendieron a todos: algunas figuras fueron fechadas entre 2500 a.C. y 500 a.C., lo que sugería que tenían más de 4000 años.

A pesar de estos resultados, la comunidad científica se mostró escéptica. Los métodos de datación de la época no eran tan precisos como los actuales, y muchos investigadores argumentaron que las figuras podrían haber sido contaminadas o manipuladas, lo que habría afectado los resultados. Además, la falta de contexto arqueológico claro —es decir, la ausencia de otras pruebas de una civilización avanzada en la región— hacía difícil aceptar la antigüedad y autenticidad de las figuras.

Los defensores de la autenticidad, sin embargo, no se dejaron amedrentar. Para ellos, las figuras de Acámbaro eran la prueba tangible de que nuestra cronología histórica estaba equivocada, y que la humanidad tenía un pasado mucho más complejo y sorprendente de lo que se aceptaba oficialmente. Algunos incluso sugirieron que los creadores de estas figuras habían sido testigos de dinosaurios vivos, o que habían recibido conocimientos sobre ellos de alguna fuente externa, tal vez extraterrestre. Esta última teoría se convirtió en una de las favoritas entre los entusiastas de los OOPARTs (objetos fuera de lugar) y de la arqueología alternativa.

El caso de las figuras de Acámbaro se conecta curiosamente con otros hallazgos similares, como el Martillo de Texas, descubierto en la década de 1930. Este objeto, un martillo incrustado en una roca que data de hace más de 100 millones de años, también desafía la cronología establecida de la historia humana. Al igual que las figuras de Acámbaro, el Martillo de Texas ha sido objeto de escepticismo, teorías sobre fraudes y debates sobre civilizaciones perdidas. Juntos, estos artefactos parecen formar parte de un patrón que sugiere la existencia de conocimientos y tecnologías que preceden a lo que consideramos posible para la época.

Hoy en día, las figuras de Acámbaro permanecen envueltas en el misterio. A pesar de los numerosos estudios, visitas de investigadores y esfuerzos por desacreditarlas, no existe una explicación concluyente que satisfaga a todos. Las autoridades arqueológicas mexicanas han mostrado reticencia a incluir estas figuras en el registro oficial, en parte para evitar conflictos con la cronología aceptada. Sin embargo, las figuras continúan atrayendo a un número creciente de personas que ven en ellas una prueba de que la historia humana es mucho más compleja de lo que creemos.

Las figuras de Acámbaro nos obligan a reconsiderar lo que sabemos sobre nuestro pasado. ¿Son simplemente el producto de un ingenioso fraude, creado para engañar a coleccionistas crédulos? ¿O son la evidencia tangible de una civilización avanzada y olvidada, que poseía conocimientos que hoy parecen imposibles? Tal vez nunca obtengamos una respuesta definitiva, pero mientras sigan existiendo estas preguntas, las figuras de Acámbaro continuarán siendo un símbolo de nuestra incesante búsqueda de la verdad, de nuestro anhelo por desenterrar los secretos enterrados en las arenas del tiempo.

Y es que, a fin de cuentas, las figuras de Acámbaro nos enseñan algo fundamental: que aún hay misterios que esperan ser resueltos, piezas de un rompecabezas mucho más grande que el que podemos imaginar, y que la historia de la humanidad, lejos de estar completa, sigue siendo una narración abierta, esperando a ser contada.

Este libro se terminó en Badajoz, el 17 de Noviembre de 2024,

hacia las 19 horas, hora espacio-temporal de España.